近代民事訴訟法史・オーストリア

鈴木正裕

近代民事訴訟法史・オーストリア

学術選書
134
民事訴訟法

信山社

はしがき

わが国の民訴法（民事訴訟法の略）は、ドイツ法系に属する。本書では、そのドイツ法系の民訴法史に大きな痕跡を残したオーストリアの二つの民訴法典を取り上げよう。

その一つは、一七八一年の一般裁判所法である。女帝として有名なマリア・テレジアと、その長子ヨーゼフ二世の統治時代の産物である。マリア・テレジアはハープスブルク家の当主、ヨーゼフ二世は神聖ローマ帝国皇帝として、二人で共同してハープスブルク家の領土を統治していた。もっとも実権は、母帝のほうが握っていた。一般裁判所法は、この二人の統治時代から審議をはじめた。起草も終わっているのになかなか施行されない。一般裁判所法は、ハープスブルク家の領土がはじめてもった統一法典で、貴族が各地方にもつ裁判制度、民訴制度を押し退けることになるが、母帝はそのさいの貴族の反発をおそれたようである。母帝が亡くなってヨーゼフ二世の単独統治がはじまったが、御曹司はそのような貴族の反発にとん着しない。母帝の亡くなった半年後には一般裁判所法を公布させたし（一七八一年五月）、さらに一年後には同法を施行させた。ヨーゼフ二世は当時の啓蒙思想を熱狂的に信じていた。その単独統治のはじめに次から次にこの思想に基づく政策を強行したが、そのあまりの性急さに貴族たちの強い反発をかい、わずか一〇年間の単独統治の末期にはこれらの政策のほとんどを撤回せざるを得なくなった。そのなかにあって、わずかに一般裁判所法は残された。

同じころ、隣国プロイセンの君主はフリードリヒ大王で、啓蒙思想の君主としてはこちらのほうがよほど名高い。そのフリードリヒ大王の時代、プロイセンは「フリードリヒ法大全・第一部訴訟法」と名づけられた法典を公布した（この法典については、拙著・近代民事訴訟法史・ドイツ三〇六頁以下）。国境を隣りあった両国（しかも、両国は当時のドイツを代表する雄邦）、同じ啓蒙思想をもつ君主、それに公布の時期もプロイセン法は一七八一年四月二六日、オーストリア法は同年の五月一日とわずか五日違い。施行の時期となると、オーストリア法が一七八二年五月一日、プロイセン法は公布後法典が届いた地方ごとに施行と推測されるから、施行の時期もほぼ重なりあっているとみてよい。そのような両法なのに、内容はすっかり違っていた。オーストリア法は当時の普通法理論にならい、書面主義・同時提出主義・弁論主義。これに対してプロイセン法は独創的に、口頭主義・随時提出主義、そして職権探知主義であった。隣国同士、君主のもつ思想、公布・施行時期の重なりあい、これほど共通した要素をもちながら、この両国の法はどうしてこんなにくい違ったのか。、ドイツ系民訴法史のもっとも興味深い問題点である。プロイセン法についてよくいわれるように、背景にある啓蒙思想の所在だけでは、とうてい説明しきれない。民訴手続における弁護士（訴訟代理人）制度の温存（オーストリア法）、制度の排斥（プロイセン法）に、基本的な原因があるのではなかろうか、という推測をこの稿の末尾近くに触れておいた。

二つめは、一八九五年の民訴法典である。ドイツ法系の民訴法史に残した痕跡では、このほうが一つめよりもよほど巨大である。なにしろ、本家筋のドイツ法が、次の二〇世紀の半ばころ、早くとも一九三〇年代までは、法改正のたびにつねにこの法をモデル法としてきたのである。この法は、社会的民訴法とよばれ、社会政策的な発想に基づいている。国家が私人（市民）に対して謙抑的な態度をとり、その私人間の社会的・経済的競争を放任する態度——自由主義——をとってきたが、その競争の激化が社会的強者・弱者間の格差をはげしくし、ついには社会革命の発生の恐れさえ生じてきた。このような事態を回避するため、国家が社会全般に干渉し、社会的弱者のためにいろいろな政策を行う、このような——社会政策を重視する——考え方が、一八七〇年代、八〇年代のドイツ、オーストリアで強くなってきた。この時代思潮となった考え方をいち早く取りいれたのが、一八九五年のオーストリア法であった（公布が九五年、施行は九八年）。訴訟進行の面で当事者の自由が制限されて職権（裁判所による）進行となったし、訴訟の審理面でも裁判所の権限（釈明権、釈明処分）が大はばに強化された。これらの裁判所の職権の拡大が、民訴は社会政策の一環であるという理論に支えられ、立法の主軸として導入されたのが一八九五年法であり、それがまた、時代の先端をいく法律として、ドイツなど周辺の諸国の熱い視線の対象となったのである。

しかし、民訴（その理論）の新味を打ち出すために、民訴は社会政策の一環であるなどというのは、もはやちんぷに過ぎるだろう。自由主義を固持する保守党政権ですら、日常茶飯なこととして社会政策をいう時代である。そして一八九五年法から、その社会政策的な色合いをぬぐい去ると、後に目立つのは裁判所の職権の拡大であろう。しかしこの点で、同法を批判することはできない。ドイツ法系の民訴法で自由主義の極致というべきものは、一八七七年（公布）のドイツ帝国法であることは異論を見ない。そのドイツ帝国法をモデルにえらび、忠実なまでにこれを模写したわが国の明治民訴法と、現行の民訴法（平成八（一九九六）年公布）を比較せよ――いかに裁判所の職権が拡大したことか。二〇世紀と、つづく二一世紀の最初の一〇数年（本はしがき執筆時）の間は、立法は一貫して職権拡大の方向を歩む。この職権拡大の出発点となったのが、オーストリアの一八九五年法である。この立法の方向のよし悪しをいうまえに、その出発点に立ちもどって見るのも、それなりの効用があるのではないか。

一八九五年法（実は、本文にも述べるように、審級・管轄を定める法、民訴法、執行法の三つよりなる）のすべての法文、それぞれの提案理由書（議会あての）はひとり、フランツ・クラインの執筆にかかる。大学の事務職員から司法省の役人に転じて二年間、まったく独力でこれらを書き終えたというから、おどろきのほかない。本稿では、この才能の持主の生涯をえがき、そのなかで一八九五年法も位置づけるという手法をとってみた。

私が大学を去り図書館を直接利用できなくなってから、一〇数年が経過してしまった。その上、一昨年暮近くに、脳梗塞を発症して、よちよち歩きしかできなくなった。そのような私が、まがりなりにも本稿を完成できたのは、数多くの知人たちのご好意のたまものであった。今筆をおくにあたって、お一人お一人のお名前とお顔が浮び、ご好意をいただいた情景が思い出されてくる。これらの人びとに、心から「ありがとうございました」とお礼を申し上げたい。合わせて、私ごとながら、病身の私をけんめいに支えてくれた家族にも礼を述べることを許されたい。

二〇一五年　秋

鈴木正裕

なお、本文中における人名に＊印を付したものは、その生没年、経歴などを末尾の人物略伝欄に掲載した。

目次

第一部　一七八一年の一般裁判所法

――啓蒙主義と民訴法――

一　マリア・テレジアとフリードリヒ大王

(1)　国事詔書

オーストリアの女帝マリア・テレジア（マリーア・テレージア。Maria Theresia）は、一七一七年五月一三日、カール六世の長女として、ヴィーンに生まれた。父親（Karl VI. 一六八五～一七四〇年）は、ハープスブルク家の当主であり、神聖ローマ皇帝でもあった。

五歳ころからの幼なじみで、恋仲となったロートリンゲン公フランツ・シュテファン（Franz Stephan. 一七〇八～六五年）と、一七三六年に結婚した。夫との間に、一六人の子供に恵まれ、そのうち王子四人全員と、王女六人が育ったといわれているから、当時の衛生状態を考えると、きわめて幸運な子沢山であった。長男をヨーゼフ二世（Joseph II.）といい、本稿では母親と並んで主人公として登場してくる。ヨーゼフ二世の妹のなかには、ルイ一六世の王妃となり、ギロチン台に散ったマリー・アントアネットが含まれていることはよく知られている。

一七四〇年一〇月、父親カール六世が亡くなって、マリア・テレジアがハープスブルク家の当主の地位についた。女性がハープスブルク家の当主の地位につくについては、父親の次のような苦労があった。

一七〇三年カール六世は、その父レーオポルト一世（一六四〇～一七〇五年）、兄ヨーゼフ一世（一六七八～一七一一年）との間に相続順位に関する次のような約束を結んだ。「嫡出長子制を基本とする。男系のほうが女系より優先する。兄弟のどちらかの男系が絶えたときは、他方の男系が相続する。双方の男系がともに絶えたときは、そのときの（ハープスブルク家の）当主であった者の女系、およびその嫡子孫が継承する」。

この約束を結んだのち、一七〇五年にレーオポルト一世が亡くなり、長子たるヨーゼフ一世も男系を残さないまま、一七一一年に死去したので、右の約束に従い次子たるカール六世が相続した。なお、彼は父、兄についで、相続した年に神聖ローマ皇帝に選出されている。

この相続に関する約束は、当初は秘密であったが、一七一三年四月、カール六世は高位帯爵者、枢密顧問などを集め、彼らの面前で、宰相に命じてこの約束を披露させた。あたかも国王が詔書を発表する形をとったので、「国事詔書」（Pragmatische Sanktion）とよばれている。(1) この国事詔書について、カール六世はまず、その統治する諸地方の議会の意見を尋ねた。多くの地方の議会は、了承する旨の返事をしたが、ただハンガリーの議会だけは、詔書は一応了承するが、この詔書に従ってもハープスブルク家の相続が途絶えたときは、ハンガリーの国王は自分たち議会が選出すると、ある意味分かりきった、嫌味な条件をつけた。

国事詔書について、カール六世はさらに、外国の了承も得ようとした。ハープスブルク家に相続が行われたとき、外国からクレームがつくことを恐れ、事前の了承を得ようとしたのである。臣下のなかには、統治する諸地方の議会の了承だけで十分ではないか、外国の了承などあてにならない、もし外国がクレームをつけたときには、軍事力で抑圧すればよく、そのためにも軍事力を増強すべきである、と諫言する者もいた。しかし、カール六世は外国との交渉を開始した。

スペイン（一七二五年）、ロシア（一七二六年）、プロイセン（一七二八年）と了承が得られたが、後述するように、この了承は当てにならなかった。一七三一年にはオランダと、イギリスから了承が得られたが、両国のその名の会社と対抗するために創られたオーストリア・東インド会社の解散を求められ、創立者であるカール六世はそのことを承諾した。フランスとは、ポーランド王位をめぐる戦闘の末、その講和条約において（一七三五年）、ようやく了承を得ることができた(2)。

一七一六年、カール六世は男児に恵まれたが、その子はその年のうちに夭逝した。その翌年、マリア・テレジアが生まれ、さらにその翌年、また女の子が生まれた。カール六世の子供は、この二人きりであった。一七四〇年、カール六世は心臓病のため急死した。

(2)　第一次シュレージェン戦争

マリア・テレジアは、国事詔書の指示するところに従って、ハープスブルク家当主の地位に就いた。これに対する諸外国の反応は、かつて臣下の危惧したとおりになった。カール六世に対する了承の返事は、一片の反故に帰した。

プロイセンでは、マリア・テレジアの即位したのと同じ年、一七四〇年五月、フリードリヒ二世（一七一二～八六年。のちに大王とよばれる）が王位に就いた（マリア・テレジアは同年一〇月）。そして、早くも同年一二月には、精鋭を誇るプロイセン軍を率いて、シュレージェンに侵入してきた。シュレージェン（現ポーランド領西南部）は、土地・鉱山などにめぐまれ、農業や工業がさかんで、全ハープスブルク家領の収入の四分の一をあげていた地方である。プロイセンは、フリードリヒ二世の曽祖父の時代から常備軍をもち、父親（軍人王ともよばれた）の下では、将校団が整備され、徴兵制も導入されて、鍛えに鍛えられた精鋭軍である。ハープスブルク家もそこそこの兵力をもっていたが、何しろ広大で、しかも散在している領地である。各地域での兵備は手うすになっていた。プロイセンの軍隊は「散歩をしている」うちにシュレージェンを占領したといわれる。もっとも、プロイセン軍も、まったく無交渉にシュレージェンに侵入してきたのではない。フリードリヒ二世は、シュレージェンの土地の一部に対する、彼の祖父の時代に片のついた請求権をふりかざして、その土地の返還を請求してきたのだが、その交渉がはじまるや否やに、もう軍隊を侵入させてきたのである。後世の史家から、「ナチスなみの暴挙だ」と批判されるゆえんである。

プロイセン軍とオーストリア軍の、最初の会戦らしい会戦でオーストリア軍が一敗地にまみれる（一七四一年四月）と、とたんにバイエルン、フランス、ザクセンなどがハープスブルク領に侵入しはじめた。バイエルン軍はフランス軍の支援を得て上部オーストリア地方を占領し、ヴィーンを指呼の間に望むようになったが、ここで北転、ベーメンへはいってプラハを占拠した。この諸国の進出に、自己の軍事上の優位を奪われることを恐れたフリードリヒ二世は、オーストリアとひそかに交渉して、下シュレージェン（ブレスラウ〔現ポーランド領ブロツワフ〕を中心とする地域）の割譲を受ける代りに、休戦すると和約した（一七四一年一〇月）。しかし、この密約が他国に知られて、フリードリヒ二世はあわてて破約し、再び戦闘状態に戻った。マリア・テレジアが終世、フリードリヒ二世を「泥棒」とののしり、蛇蝎のごとく嫌ったというのもよく分かる気がする。

それでは、当のマリア・テレジアはどうしていたか。プロイセン軍の侵入を受けて間もなく、彼女はハンガリーの議会所在地プレスブルク（現スロヴァキア首都・ブラティスラヴァ）へ赴いた（ヴィーンから東、数十キロしか離れていない）。彼女はハンガリー国王の相続権はもっていたが、王位に就くためには、プレスブルクで戴冠式を挙げなければならない。そのためにも、同地へ出かけたのだが、そのおりに、ハープスブルク軍への救援を依頼した。それに対する対応は、すぐには得られなかったようであるが、彼女の切々とした粘り強い懇請に、ハンガリーの貴族たちはついに発奮して、救援軍を送ることに決した（兵力は二万とも三万とも）[3]。マリア・テレジアは、後にも述べるようにＡＧＯ（一般裁判所法）の審議過程でも、内政改革を行う過程でも、ハンガリーにはついに強制する態度をとらなかったが、これはこのときの俠気に感じたものとされている。

このように援軍は得られたし、先の休戦の密約によりプロイセン軍は一時戦場を離脱したので、オーストリア軍は勢力を挽回して、バイエルンを攻めてその首都ミュンヒェンを占領した。以下のことは、二〇世紀の戦争しか知らないわれわれには理解に窮するテンポであるが、その占領されたと同じ日（一七四二年四月二二日）に、バイエルン公はフランクフルト・アム・マインで神聖ローマ皇帝に選出された。だが、このカール七世（Karl Ⅶ. 皇帝在位一七四二～四五年）は、居城のある首都を失っているので、そのままフランクフルト・アム・マインで居候生活を続けることになった。いずれにしても、一五世紀中ほど以来神聖ローマ皇帝の帝冠を独占してきたハープスブルク家は、ここに（僅かの間であったが）帝冠を手離したのである。プロイセン軍との間には、一進一退が続いたが、イギリスの仲介がはいって、プロイセンとオーストリアは、一七四二年六月にブレスラウで仮条約を、七月にはベルリーンで本条約を結んで講和、プロイセンはシュレージェンを得た（その南西端のごく一部分の地域だけ、オーストリアに残され、残部シュレージェンとよばれた）（第一次シュレージェン戦争の終結）。

(3)　第二次シュレージェン戦争

プロイセンとの戦闘は終わったが、まだ他国との戦闘は続いている（プロイセンは、再び他国との同盟を裏切って、講和条約に応じたのである）。オーストリアを応援するイギリスが、大陸へ軍勢を送ってフランス軍と闘うなど、戦局は複雑な様相を呈した。オーストリア軍はプラハを取り戻して、マリア・テレジアはベーメン王（ボヘミア王。後述二(2)としての戴冠式をあげることができた。そのままの勢いで、オーストリア軍はフランス国内に攻めいろうとしたので、フランスは一七四四年四月、正式にオーストリア、イギリスに宣戦を布告し、プロイセンと軍事同盟を結んだ。この同盟を足がかりに、（オーストリアからシュレージェンを奪回されることを恐れていた）プロイセンは、ベーメンへ侵入してきた（一七四四年八月。第二次シュレージェン戦争の勃発）。しかし、今度はザクセンがオーストリア側についた。また、バイエルンもカール七世（神聖ローマ皇帝）の没後、オーストリアと講和を結んでいた（一七四五年四月）。プロイセンは前回とちがって、かなり苦戦をしいられた。しかし、なんとか盛り返しザクセンの占領などをしているうちに、イギリスが再び仲介に立って、一七四五年一二月、ドレースデン

（ザクセンの首都）でオーストリア・プロイセン間の和約が結ばれた（第二次シュレージェン戦争の終結）。オーストリアは確定的にシュレージェンを失った。[4]
　フランスとの戦闘などはまだ続いたが、関係国が戦争にうんだ形で、一七四八年一〇月、アーヘンで全面的な講和条約が締結された。
　なお、この間、マリア・テレジアの夫フランツ・シュテファンが神聖ローマ皇帝に選出されている（フランツ一世。Franz I. 在位一七四五～六五年）。ハープスブルク家は再び帝冠を手にし、一八〇六年に同帝国が消滅するまで、その帝冠を手元にとどめた。[5]

(4)　七年戦争

一五世紀の末以来犬猿の間柄であったオーストリアとフランスが、急に接近しだした。[7]
直接のきっかけは、一七五六年一月に締結されたプロイセンとイギリスの相互防衛条約にあった。プロイセンはイギリスにハノーファーの防衛に尽力すると約束し、イギリスはプロイセンにオーストリア、ロシア、フランスから防衛すると約束した。ロシアと同盟を結んだオーストリアはプロイセンに恨みを含んでおり、フランスはイギリスと植民地争奪で敵対関係にあった。同年五月、オーストリアとフランスの間に防衛条約が締結された（ヨーロッパの外交関係に劇的な変化を生じさせたので、外交革命とよばれる）。プロイセンは三方から（東北からロシア、東南からオーストリア、西からフランス）それぞれ強国によって包囲された形である。フリードリヒ二世は、窮鼠袋を破る態で、当時中立の立場にあったザクセンに攻め込んだ。神聖ローマ帝国も帝国の敵よばわりをして帝国軍を送ったし、北方からスウェーデンも宣戦布告してきた。当然、フリードリヒ二世は苦戦の連続である。一七五九年八月には、ベルリーンの北東方向で壊滅的な打撃をこうむり、その夜彼は自殺をさえ決意したという。その彼に思いがけない幸運がおとずれた。

彼は女性に関心が薄いことで著名であったが、その反面で当代の三人の女性権力者から毛嫌いされていた。マリア・テレジア、ロシアの女帝エリザヴェータ（一七〇九～六二年）、フランスのルイ一五世の寵姫ポンパドゥール夫人（一七二一～六四年）の三人である。このうちのエリザヴェータが一七六二年一月に死去した。甥の新帝ピョートル三世（一七二八～六二年）は、フリードリヒ二世の熱烈な賛仰者であった。プロイセンとただちに休戦するとともに、ロシア軍の大半を本国に引き揚げさせた。残されたロシア軍はむしろプロイセン軍を救けて、フリードリヒ二世は最後の戦勝をあげることができた。ピョートル三世は半年後妃エカチェリーナに弑されてしまうが、帝位を継いだ彼女（一七二九～九六年）も中立を守った。一二月にはザクセンで和平交渉がはじまり、一七六三年二月講和が締結された。五六年八月にはじまった戦争は、七年をついやし、その間苦戦を闘い抜いたフリードリヒ二世は、大王の敬称を奉られ、オーストリアは、ついにシュレージェンを奪回できなかった。

注

（1）　国事詔書（プラグマティッシェ・ザンクツィオーン）というのは、歴史上皇帝または国王が、国事に関して発令した詔（勅）書一般を指すようであるが、ドイツ史上国事詔書というときは、カール六世のこれを指しているようである。

なお、カール六世はこの国事詔書を発するとき、同時にハープスブルク家の領土全体の非分割・非分離を宣言していた。今まで同家を悩ませてきた平等分割相続制を排し、嫡長子相続制を保障したのである。

（2）　この条約（ヴィーン条約）は一七三五年に仮条約、三八年に本条約が締結された。この条約を通じて、カール六世はフランスに国境を接したロートリンゲン、イタリアのナポリなどを失い、代りにイタリアのパロマ、トスカーナ（首都はフィレンツェ）などを手に入れた。長女マリア・テレジアの夫フランツ・シュテファンは、ロートリンゲン公からトスカーナ公に転じた。

（3）　このおりの情景として、「純白の衣装に身をつつみ、涙ながらに真情を吐露して訴える」マリア・テレジアの前に、感激して剱を立てたり、横にしたりして忠誠を誓っているハンガリー貴族を描いた絵がある。このときマリア・テレジアは右腕に嬰児を抱えているが、それが長子ヨーゼフ二世であったという。いや、生まれた（一七四一年三月）ばかりのヨーゼフ二世を連れて行かなかったとか、連れて行ってわざと尻をひねって、泣かせたとか、いろいろな話が伝えられている。

（4）第一次シュレージェン戦争と第二次シュレージェン戦争をひっくるめて、オーストリア継承戦争とよび、次の七年戦争と区別されている。もっとも、七年戦争を、第三次シュレージェン戦争とよぶ用語例もある。ともかくも、この計三つの戦争にしばしばイギリスが介入してくるが、それは王家の発祥の地ハノーファー地方が戦乱にまき込まれることを恐れたためと、当時植民地の争奪をめぐってフランスと対抗関係にあったためである。かつて、ハノーファー史を描くときに、以上のイギリスの見地に立って、三つの戦争に触れたことがある。拙著・近代民事訴訟法史・ドイツ（二〇一一年）（以下、拙著・ドイツと略）一八頁以下。

（5）フランツ・シュテファンは、もとロートリンゲン公だったので、彼が即位したのちは、ハープスブルク家は正式には、ハープスブルク・ロートリンゲン家とよばれる。

（6）一四九四年、フランス王の率いる軍勢が、イタリア半島に侵入してきた。これに反発したヴェニスなどのイタリア諸都市、ローマ教皇、ハープスブルク家のマクシミーリアーン一世（Maximilian I.神聖ローマ皇帝）らは同盟を結び、フランス軍に戦いを挑んだ。これをイタリア戦争という。フランス軍は退却したが、これ以来フランスとオーストリアは敵対関係におちいり、フランス王家（カトリック）はハープスブルク家（同）を悩ますため、異教徒であるオスマン・トルコ（イスラーム教。ハープスブルク家領と国境を接する）と同盟することさえいとわなかった。

なお、イタリア戦争が発生した翌年、皇帝は同戦争の戦費を調達するため、神聖ローマ帝国議会を開いたが、議員である貴族たちの要求に屈して、帝国に帝室裁判所（帝国カンマー裁判所、帝国最高法院とも。Reichskammergericht）を設けること、同裁判所で適用される法規に固有法（地域法）がないときは、ローマ法・カノン法を補充的に適用すること、などを定めたことで著名である。後者はローマ法・カノン法に普通法の名称が与えられたゆえんである。

（７）　両国の接近には、一七五〇年から五三年まで、パリ駐在の大使となり、五三年から九二年まで国家宰相として活躍したカウニッツ*（Kaunitz-Rietberg）の存在が大きい。

二　オーストリア世襲領とベーメン地方

シュレージェンを失ったものの、マリア・テレジア、およびヨーゼフ二世の治める領土はまだまだ広大で、そして多様であった。その一々を数えることは、本稿の目的にとっては無用であるし、まただいいち筆者の手に余る問題である。ドイツ語による名称が、その後現地の言語による名称に変えられているし、政治上の領域も、その後の情勢の変化によって、現在の地図の上からはなかなか判別しがたい。以下では、ＡＧＯ（一般裁判所法）の適用範囲となり、審議の過程でもその地方だけしか出てこなかった二つの地方を取り上げ、他の地方については、それが出てきたときに必要に応じて言及するにとどめたい。

(1)　オーストリア世襲領[8]

ハープスブルク家の当主は、オーストリア大公の位に就いたが、この大公の位には、次の諸地方の世襲が認められていた。

(ア)　上エンス（川）州と下エンス州――下オーストリア地方　オーストリアにはエンス川という川がある。ザルツブルクの南方の山地に源を発し、東へ流れたのち、ほぼ直角に北へ曲って、リンツの東約二〇キロでドナウ川にそそいでいる。その川の左岸を上エンス州（ob der Enns）、右岸を下エンス州（unter der Enns）といった。前者の州都はリンツ、後者の州都はヴィーンであった（首都でもあった）。二つの州は一括して、後述する上、内オーストリア地方に対して、下オーストリア（Niederösterreich）地方とよばれていた[9]。

(イ)　シュタイアーマルク（Steiermark）州　現在でも、州名として残る。州都はグラーツ。ただし、州の南部地域は第一次大戦後、ユーゴスラヴィアに割譲され、現在はスロヴェニアの東部地域である。

(ウ)　ケルンテン（Kärnten）州　現在でも、州名として残り、州都はクラーゲンフルト（Klagenfurt）である。南部は第一次大戦後、住民投票の結果、ユーゴスラヴィア、現在のスロヴェニア北部となる。

(エ)　クライン（Krain）州　現在は、スロヴェニアの中・西部である。当時の州都ライバッハ（Laibach）は、リュブリャナ（Ljubljana）と名を換え、現在のスロヴェニアの首都である。

(オ)　ティロール（Tirol）州　現在でも州名は残り、州都はインスブルックである。上オーストリア（Oberösterreich）ともよばれた。なお、この地方の南部（南ティロール）は、第一次大戦後、イタリア領となっている。

(カ)　前部地方（Vorlande）または前部オーストリア地方（Vorderösterreich）　ドイツの南西部に散在していたハープスブルク家領を一括していう。たとえば、その一つにブライスガウ（Breisgau）があり、その都市フライブルクには一四五七年に創立され現在に至る大学がある。ただ、ナポレオンとの戦争を通じて、これらの地方の多くは他国に帰属し、たとえばブライスガウはバーデン大公領となった。現在これらの地方でオーストリアに残るのはフォアアルルベルク（Vorarlberg）州だけである。州都はブレゲンツ（Bregenz. ボーデンゼー湖南岸）。なお、この前部オーストリア地方に対して、前掲の(イ)～(オ)は、内（または奥）オーストリア（Innerösterreich）とよばれていた。

(キ)　トリエスト（Triest）・ゲルツ（Görz）・グラディスカ（Gradisca）　いずれも、都市国家、小侯国であったが、相続や隣接するヴェネティアの圧力を避けて、ハープスブルク家の所有となった。現在はイタリア領で、スロヴェニアとの国境線に近い（一部はスロヴェニアに帰属）。現在名は、トリエステ（Trieste）、ゴリチア（Gorizia）。これらの地方も、内（奥）オーストリアに数えられていた。

(2) ベーメン地方

ベーメンの国王になることは、次の三地方を支配することを意味した。

(ア) ベーメン(Böhmen. ラテン名、ボヘミア)州　現在のチェコの北部。州都(王国の首都でもあった)は、プラハ(ドイツ名、プラーグ. Prag)。

(イ) メーレン(Mähren. ラテン名、モラヴィア)州　現在のチェコの南部。州都はブリュン(Brünn. 現在名、ブルノ. Bruno)。

(ウ) シュレージェン(Schlesien)州　二次にわたるシュレージェン戦争、七年戦争の結果、オーストリアに残された地方である。もともとのシュレージェン州の南西端にあたる、四つほどの小公侯領である。残部シュレージェンとかオーストリア領シュレージェンといわれているが、以下では特別の必要のない限りたんにシュレージェンとよぶ。現在でもチェコ領である(たとえば、小都市オパヴァ〔Opava〕は、以前のトロッパウ〔Troppau〕である)。

注

(8) 原語では、Erblande. この表現は、ときに次述するベーメン地方を含んで用いられることがあった。

それほど、ハープスブルク家にとってベーメン地方は親近に感じられたということであろう。しかし、ベーメン地方を統治するためには、プラハへ出かけて王冠を戴かなければならなかった。マリア・テレジアは、第一次シュレージェン戦争のためその時期が遅れたし、ヨーゼフ二世は、後述するように戴冠の必要はないと拒否して、同地方の大きな反発を買った。

（9）　現在では、上エンス州、下エンス州にほぼ見合う形で、上オーストリア州、下オーストリア州とよばれている。これは、一九一八年第一次世界大戦の敗北にともない、ハープスブルク家が退位し、オーストリア共和国が発足したさい、この名称がとられたもので、今日にまでおよんでいる。ただ、ヴィーンは独立して、州に準ずる存在となり、現在下オーストリア州の州都は、ザンクト・ペルテン（St. Pölten. ヴィーンの西、トライセン川畔）である（一九八六年より）。

三　マリア・テレジアの内治改革

(1)　前期と後期

シュレージェンをついに奪回できなかったマリア・テレジアは、戦争のつど、自国の国制の弱さを知った。国王とは名のみの存在で、実権は地方の等族（貴族・高位聖職者・都市。Stände）に握られている。軍備に必要な租税の徴収すら、等族の協力がないとままならない。その点、相手方、プロイセンは、早くもフリードリヒ大王に先立つ時代から、中央集権（絶対王政）体制をとり、官僚制を整備している。マリア・テレジアは、自国の内政の改革に着手した。その改革の時期は、前後二つの時期に分けるのが普通である。前期は、第一次シュレージェン戦争が終わった一七四二年から、後期は、七年戦争で実質的な戦闘がなくなってきた一七六〇年から、それぞれ始まったとされる。ここでは、一々については一般史書にも触れられているので、前期からは、オーストリアの司法史にとって大きな存在となり、ＡＧＯ（一般裁判所法）の誕生にも重要な役割を果たした最高司法庁、後期からは、同じくＡＧＯの誕生に重要な役割を果たした国事顧問会を取り上げ、それぞれの創設の過程や、職権のあり方を説明しておきたい。

(2)　中央官庁群

一六世紀の前半、ハープスブルク家は当主（国王）直轄の役所として、①宮廷顧問会（Hofrat）、②宮廷官房（Hofkanzlei）、③樞密顧問会（Geheimer Rat）、④宮廷政庁（Hofkammer）の四つ、やや遅れて⑤宮廷軍事顧問会（Hofkriegsrat）を作った。このうちの②から、後述する最高司法庁が生まれた。

①　宮廷顧問会は、司法を含む統治一般について、国王の諮問に応じ、あるいは統治活動そのものを担当した。司法については、オーストリア地方に不上訴特権が与えられると（一五一〇年）、その地方の最上級裁判所となった。[10] しかし、宮廷顧問会は、オーストリア地方だけではなく、国王が神聖ローマ皇帝を兼ねていた関係で、帝国（ライヒ）の任務も担当した。やがて同会には、ライヒの名前が冠せられ（Reichshofrat. 一五五九年以来）、その任務もオーストリア地方から離れて、ライヒの主として司法を担当することが任務となった。[11]

②　宮廷官房は、もともと国王の詔書や、上級官庁の決定書の作成などに関わる官署であった。宮廷顧問会と同じように、ライヒとオーストリア地方の両方の分野を担当していたが、この官署がしだいに司法と行政を担当するようになり、一六二〇年にはもっぱらオーストリア地方を扱う官署が作られた（同時にベーメン地方を扱う官署もヴィーンに作られた。プラハに作られなかったのは同地が三〇年戦争の戦場となったこともあろう）。そして、宮廷顧問会が、主にライヒの司法機関として特化するにともなって、この官署がオーストリア地方の最高裁判所の機能を兼ねることになった。一六五四年、ライヒの条例により宮廷顧問会（帝国宮内法院）からオーストリア地方の事件が確定的に離れるとともに、[12] この官署も自ら決定機関、そして合議機関に改められた。

③　樞密顧問会は、国王（皇帝）の最も信頼する重臣たちの集まりである。国政上の重要問題に対する諮問に答えたり、ときには国王の名代として各国に赴いたり、査察に出かけたりしていたが、次第にその重さを失っていったという。

④　宮廷政庁は、財政・租税問題を担当した官署である。

⑤　宮廷軍事顧問会は、その名のとおり、軍事問題を担当した。

(3)　最高司法庁の創設

(ア)　前掲②の宮廷官房は、その後オーストリア地方の外交、内政を担当し、ますますその地位を高めていったが、任務が多端になるにおよび、カール六世のときに、長官職を二分して、一人は王室と外交の事務を担当し、もう一人は内治（行政）と司法を担当することにした。マリア・テレジアの時代にはいって前の長官の職務を、独立した官署（国事官房。Staatskanzlei とよばれた）にゆだね、宮廷官房には、行政と司法の職務が残された。

行政と司法の職務が残されたが、それぞれに専門の官僚がいるわけではない。ときどきに行政の職務を担当したり、司法の職務を担当する。どうも前者の職務が多様であり、また華やかな存在である。つい前者の職務が好まれ、後者の職務は、人数不足となり、職務の処理も停滞気味となった。

(イ)　一七四九年、二つの職務が切り離され、別々の官庁が扱うことになった。司法を扱う官庁として、ヴィーンに最高司法庁（Oberste Justizstelle）が設けられた[13]。この官庁は、管轄区域の上告（Revision）事件を取り扱い、合わせて司法行政事務（下級裁判所の設置・人事など）も取り扱った。つまり、現在のわが国の最高裁判所と似ているが、この二つの機能の兼有は次の世紀の中ころまで約百年続いた。

発足当時は、裁判官の定員は長官のほかに一五名であったが（裁判官は、宮廷顧問官〔Hofrat〕の称号を与えられた）、オーストリア部とベーメン部の二部に分かれた。これは二つの地方の法律が――実体法も手続法も――まったくかけ違っていたので、それぞれ専門の知識をもつ者を配属したのである[14]。

オーストリア地方のためには、当初上・下エンス地方と、シュタイアーマルク以下の地方に分け、二か部を設ける予定でいたが、結局実現せず、後の地方のためにはグラーツと、インスブルックにそれぞれ最高司法庁の支部のようなものが作られ、それぞれの支部からは確定判決に対する無効の訴え（再審の訴え）だけが、ヴィーンの本庁へ上訴の形で許されていた。

最高司法庁の裁判官たちは、立法作業にも大きく関与した。後にも述べるように、ＡＧＯ（一般裁判所法）はベーメン法を基礎にして立案された。それだけに、「オーストリア部」の裁判官たちの強い反発を受け、立法が遅れる一つの原因となってしまった。

いずれにしても、最高司法庁の発足により、司法と行政が分離された。三権分立を説くモンスキューの『法の精神』が出版された翌年のことであった。この分離が彼の理論から（早くから外国に知られたという）示唆を受けたものかどうかは分からない。ただ、上告事件の停滞により、最高司法庁の発足より前の時期（一七四五年）にマリア・テレジアが、上告を専門にする裁判所（Revisionsgericht とよばれた）を設置したが、行政庁との関係がうまくいかず、司法と行政を分離するきっかけになったともいわれる。

(4)　国事顧問会

マリア・テレジアの後期の内治改革で目立つのは、国事顧問会（Staatsrat）の創設であった（一七六〇年）。統治に関するすべての重要問題につき、国王の諮問に応じる会議であった。国王に裁断を求めて提出する統治問題は、まずこの国事顧問会にかけ、裁断の内容を決定した上具申していた。裁断の内容をあらかじめ決めるだけではない。一旦国王によってなされた裁断が遵守されているかを査察し、その状況を報告する義務も負っていた。関与する統治問題はきわめて広汎で、前期の改革で重点のおかれた行政、司法、財政にとどまることなく、宗教、教育、農業、商工業などの分野におよび、また管轄する区域も、ハープスブルク家の全領土におよんでいた。つまり、オーストリア世襲領、ベーメン地方にとどまらず、ハンガリー、イタリア、ニーダーランデ（現代のドイツ語では、オランダを指すのが一般的だが、当時のオーストリアにとっては、現ベルギー）に生じる問題にも関与した。

国事顧問会は、三人の貴族出身者（彼らは大臣〔Minister〕とよばれていた）、三人の有識者・騎士階層の出身者（国事顧問〔Staatsrat〕とよばれた）から構成されていた。その審議の仕方は、集まって合議するよりも、書面を通じて意見を述べる方式が多く、まず国事顧問の若い方から意見書を出し、次いで大臣、最後に長官が意見書をまとめたという。

立法に関与したことはもちろんで、ＡＧＯ（一般裁判法）のときにも、編纂委員会が作成した草案は、この国事顧問会で最後の決をとられて、国王に上申されていた。

注

(10)　ここにオーストリア地方とは、下オーストリア地方（上・下エンス州）である。

不上訴特権は、皇帝から領主に与えられる特権で、自国の事件は自国の設営する裁判所を最終審とし、帝国の設営する裁判所への上訴は例外的にしか許さない、とする特権であった。しかし、この特権は、その反面で領主に自国に三審制を導入すること、つまり最上級（上告）裁判所を設営することを義務づけていた。

なお、右にいう帝国の設営する裁判所とは、前述した帝室裁判所（注(6)）と、次注に述べる帝室宮内法院であった。

(11) Reichshofrat（略称・ＲＨＲ）は、帝国宮内法院と訳される（この訳語については、勝田有恒ほか編著『概説西洋法制史』一八〇頁）。ＲＨＲの要を得た紹介として、ヴォルフガング・ゼラート（和田卓朗訳）「帝国宮廷顧問会と帝国カンマー裁判所：その意義と研究」法学雑誌（大阪市大）四六巻四号（二〇〇〇年）六四八頁以下。

(12) 帝国宮内法院の管轄から、オーストリア地方の事件が失われていったが、法院じたいは皇帝の所在地＝ヴィーンにとどまった。当然に、同法院の定める訴訟手続がオーストリア地方のそれに影響したと推測されるが、詳しくは調査することができなかった。

(13) もう一方の行政を扱う最高機関としては、（内務）監理庁（Direktoriun in Publicis et Cameralibus）が設けられたが、その長官にはハウクヴィッツ*（Haugwitz）が就任した。マリア・テレジアの内治改革は、その前期をこのハウクヴィッツがリードし、その後期をカウニッツ（Kaunitz）が指導したといわれる。

(14) 発足当初、オーストリア部には七人、ベーメン部には八人の裁判官が割り当てられたが、その発足当初から、オーストリア部の受付件数のほうが、ベーメン部の件数を上回っていた。これは、ベーメン地方の従来からの法慣行として、上告（Revision）の申立てのさいには、裁判所の裁量によって決まる「保証金」の供託を求め、上告敗訴の場合にはこれを没収する、という制度がとられたためではないかといわれている。

四　法令の統一――編纂委員会――

(1)　ベーメン地方の動き

最高司法庁を創設することを通じて、司法権を全国的に統一する足がかりを得たが、今度はその司法権を行使する裁判所で適用する法令を全国的に統一していかなければならない。それまで個々の州ごとに行われてきた法令を廃止させて、国王の名において公布する法令を施行させることは、それ自体が国王の権力の顕現であるとともに、各州間の法令を同一内容とすることによって、各州間の商業取引を促進させるという面をもつ。中央集権国家の実現にとって、法令の統一は必須とされる強力な手段であった。

その法令統一の動きは、ベーメンの諸州から始まった。三〇年戦争の初期、ハープスブルク家がベーメンの新教（プロテスタント）等族を押さえこんで、同家がベーメン、メーレン両州の世襲領主であることを認めさせたとき、ベーメン（一六二七年）、メーレン（一六二八年）には国法（Landesordnung）が制定された。

国法には、公法、民事法、刑事法、訴訟法、司法組織法などが盛り込まれ、まるで六法全書を見るような広汎な法典であった。

しかし、やがて、その国法も古くなり、部分改正や判例がつみ重なってきたので、カール六世の兄（したがって、マリア・テレジアの伯父。ヨーゼフ一世）の統治時代、プラハ（ベーメンの州都）とブリュン（メーレンの州都。現在のブルン）に国法の改正を検討する委員会が設けられた（一七〇九年）。だが、この委員会は、一七二六年に詳細な資料を伴った共通の民訴法案を発表したが、それ以外には見るほどの成果もなく終ってしまった。(15)

マリア・テレジアの時代にはいってから、この二つの委員会——プラハとブリュン——は復活した（一七四八年と五一年）といわれるが、くわしいことは今日伝わっていない。

ただ、ベーメンとメーレンの両州では、訴訟のおくれ、弁護士の行動に対する不満が高まったので、女帝は両州の政庁に命じて、これらの不満の内容、それを裏づける資料の収集をさせ、その内容・資料に基づいて訴訟法の改正を検討するよう、最高司法庁のベーメン部に求めた（前述のように、同庁は「ベーメン部」と「オーストリア部」に分かれていた）。その検討の結果改正法案がまとめられ、一七五三年にはベーメン法、同じ年にシュレージェン法、そして一七六〇年には、メーレン法が施行された。(16)

しかし、これらの訴訟法（形式などは多少異なるが、同じ内容である）はベーメン地方の諸州を対象とするだけである。ハープスブルク家の本拠地であるオーストリア世襲領ではまだバラバラのままである。

(2)　編纂委員会

そこで、マリア・テレジアは、この二つの地方に共通する統一した法典を起草させるため、編纂委員会を発足させた(17)。

一七五三年のことである。委員会は二つに分かれていた。地域によって分けられたのではなく、対象が民事法典か、刑事法典かによって分けられた。以下では、民事法典を扱った委員会のみ、取り上げていくことにしたい(18)。

(3)　ブリュンの委員会

民事法典の立法を担当した委員会は、メーレン州の州都・ブリュンにおいて、その作業を開始しだした。初代の委員長が、メーレン州の政務長官であったからである(19)。民事法の専門家として各州から集められた委員たちは、ヴィーンのほうが資料の参照などにも便利であるのに、という不満を口にしながら（その声が議事録に残されている）、一七五三年の夏のはじめブリュンに集まってきた（まだ、鉄道や自動車のない時代である）。

まずはじめに、彼らはベーメン州出身のアツォニ*（Azzoni）に法典全体の最初の草案を委嘱した。アツォニは、やがて草案を提出したが全四部、第一部から第三部は実体法、第四部は、執行法を含む手続法が定められ、長大で、また見事な草案であった。

委員たちは、本格的審議が始まる前、各出身地に戻って関連する法令の収集につとめ、ほぼ半年後の一七五三年一一月再びブリュンに集まり、審議の開始に先立って、次のような準則を定めた。

① 各州間の法令に一致が見られるときは、もちろんその法令に従う。② その法令間に不一致が見られるときは、法令間の共通の原則を探し出し、その原則を条文化する。③ 州法と国王（制定）法の間に不一致が見られるときは、後者を優先させる。④ 同じレヴェルの法令では、古い時代の法令よりも、新しい時代の法令を優先させる。⑤ 既存の法令ではどうしても具合いの悪いときは、新しい法規（条文）の創造が許されるが、そのさいにはⓐ自然的なもの（das Natürliche）と、ⓑ民衆法（Völkerrecht）を基準とする。⑥ 自然的（天与的）自由（natürliche Freiheit）は、公共の福祉の要求があるときにのみ、制限が許される。かくして、所有物の譲渡の自由、終意処分（遺言）の自由、契約の自由が尊重されるべきである。⑦ 普通法とされるローマ法は、その個々の条文ではなく、個々の条文を支配している精神（自然的正義。natürliche Billigkeit）が尊重されるべきである。⑧ 同様に、外国の法令、学説の主張も斟酌されるべきである。

以上、三七も挙げられている準則のうちから、目についたもの数個を取り上げたが、民事法典の立法としては、なんと大仰なと思われるかも知れない。しかし、委員たちの活動を冷たい目で見守っている地方の等族のことを意識すれば、これほど大仰な物の言い方をしなければならなかったのであろう。それにしても、自然、自由という言葉の氾らんである。当時隆盛に向っていた自然（理性）法主義、啓蒙主義の展示場の感がある。いいかえると、編纂委員会に集まってきた人びとは、時代思潮に敏感であったいわゆる啓蒙官僚とよばれる人たちであった。彼らは、アッツォニの最初の草案にいう第一部から第三部、つまり実体法から審議を開始しだした。

一七五三年、ブリュンに委員会が設けられたとき、ヴィーンにも委員会が設けられた。最高司法庁や他の中央官庁の官僚からなり、ブリュンの委員会の草案をチェックする役割であった。ブリュンの委員会の独断専行を許さない体制である。しかし、二つの委員会があることはもちろん審議に時間をかけるし、委員会同士の意見の衝突もある。ついに一七五六年、ブリュンの委員会は解散させられた。ブリュンの委員会から、ヴィーンの委員会に移ったのは、アッツォニとホルガーだけであった。

(4) ヴィーンの委員会

ヴィーンの委員会でも、アッツォニが報告委員（委員会に最初に草案を出し、審議のさいに説明・応答にあたる委員）をつとめたが、彼が一七六〇年に死去したので、代ってベーメンの控訴裁判所（Appellationsgericht）の裁判官・ツェンカー*（Zenker）が報告委員をつとめた。彼の第一部から第三部に関する草案が、編纂委員会から国事顧問会（Staatsrat）に提出されたのは、一七六六年であったが、そのあまりにも浩瀚で学術的な大法典に、当時の宰相カウニッツはあきれ、「こんな量の多い書物は、資料集としては有用かも知れないが、法典に向くものではない」と酷評したとされるし、またマリア・テレジアは、「法典と教科書を混同してはならない。教場でのみふさわしい言葉を、立法者は口にすべきではない。法典はできるだけ短く、かつ明瞭に記載すべきである」と注意を促したという。この第一部から第三部の草案が、「オーストリア一般民事法典」として実を結んだのは、一八一一年、なんと四五年後であった。(20)

(5) 訴訟法への特化

それでは第四部の審議、訴訟法の部分の審議は、一体どうなったのであろうか。

第一部から第三部への審議、その結実である草案がつまずいた年、すなわち一七六六年、最高司法庁と編纂委員会から、相次いで第四部の審議を、第一部から第三部への審議と平行して行うべきではなかろうか、という提案が国事顧問会へなされた。同会は了承し、したがってまた、マリア・テレジアもこれを勅裁した。第四部の審議の報告委員には、ホルガーが選ばれた（一七六六年一二月）。

しかし、ホルガーは、たちまち暗礁に乗りあげてしまった。ことの起こりは、審級制度としての三審制と、最高司法庁の取り扱うレヴィジオーン（上告。Revision）の要件をどう考えるか、ということについて、各州の意見を問い合わせたことにあった。

最高司法庁はレヴィジオーンという不服申立て（Rechtsmittel）だけを取り上げたが、このレヴィジオーンは原審がその下級審の判決を取り消し、変更した場合に限って認められる、というのが伝統的な法理であった。逆にいうと、原審の判決と下級審の判決が一致しているときには、レヴィジオーンを提起しても取り上げない、というたてまえが採られていた（このたてまえを、レヴィジオーンの制限に関する不一（合）致主義とよぶ）。審級制度のあり方を、三審制と考えると、各州の裁判所はおのずと第一審と第二審に分かれ、この双方の判決の不一致があると、ヴィーンにある最高司法庁（＝国王裁判所）に不服申立てができる、ということになるが、それで構わないか、と各州の政庁に意見を問い合わせたのである。各州の答えは、いっせいに「否」であり、各州の裁判所のあり方に口を出すな、と手ごわい反応を示してきた。

たとえば、ベーメン州に、貴族の設営する裁判所がある。この裁判所の判決は、その裁判所限りで、ほかの裁判所へ不服申立てを許すなど毛頭考えていない。構成する裁判官も、貴族ばかりで、この職を名誉職として扱い、したがって無給で勤務している。その負担もあって、法廷も恒常的に開かれず、時期を限って開かれるだけである。このような裁判所が設けられるのは、貴族の一つの特権（自由）を示すものであり、この裁判所のほかにもう一審級認めるとか、この裁判所の判決に対して最高司法庁への不服申立てを許すとかは、この貴族の特権に対する侵害であり、ひいては州と国との間の権力のあり方（Verfassung）に関わる問題である。この問題に訴訟法典を口実に修正を求めてくるとはなにごとか、とつよく反発したのである。

しかも、この州の反発に、編纂委員会の多数意見も同調した。確かに、指摘されるように、州と国（中央政府）との権力のあり方に関係し、安易に結論を出すべき問題ではない。それに、右のベーメンの貴族裁判所に例を見るように、年間恒常的に開廷せず、時期を限って開廷しているから、裁判官である貴族も無給でつとまるが、これを年間恒常的に開廷すると、有給の職業的な裁判官を雇わなければならないが、それでは費用がかさむ、と国（中央政府）の一番いやがる費用の問題まで持ち出してきた。

州の有力者（等族）との対立を避け、できるだけ平和裡に集権体制を進めてきたマリア・テレジアである。州がこぞって反対する問題に、自分の意見を無理に押し通すはずがない。州の裁判所制度、ひいては三審制の実現には、手をつけずに進められることになった。

ホルガーはがっかりした。辞意を表明し、高齢、刑事立法（注(18)参照）で精力を使いはたしたことなどを理由としたが、マリア・テレジアは許さなかった。

(6)　報告委員の交替

ホルガーは、仕事を続けることになったが、その仕事のやり方は、いやがらせではあるまいが、次のようなやり方であった。起草しようとする法分野を多数のこまかな問題に分け、必要ならば関係官庁に問い合わせた上、編纂委員会にそのいちいちを検討させ、さらにその結果を国事顧問会に上申させた。その問題のこまやかさは、強制執行と民事保全の二分野だけで、三〇ほどの問題に作りあげ、それらの審査に編纂委員会は二年を要したという。(21)

一七七四年、ホルガーは再度辞意を表明した。今度はもはや誰もとめなかった。報告委員の後任には、フロイデヴォ*（Froidevo）が選ばれた。まだ三八歳の壮年であった。(22)

ちなみに、当時の編纂委員会の委員長は、最高司法庁の副長官ジンツェンドルフ*（Sintzendorf）が兼ねており（一七七二年以来）、委員会の在来のメンバーとしては、ホルガーがおり（彼は報告委員としての地位は辞任したが、編纂委員としての任務は継続した）、新しいメンバーとしては、フロイデヴォのほか、自然法学者として高名なマルティーニが参加した。

若くて、有能なフロイデヴォは、迅速に仕事を進めたようである。彼が就任してから一年半後、一七七五年九月、編纂委員会は国事顧問会にＡＧＯ（一般裁判所法）の草案を提出した。

その草案には、編纂委員会からの説明書が付記されていたが、その説明書によると、この草案は従来の諸法と異なって、事件の種類、当事者の身分によって手続を変えることなく、諸民の手続の平等を目指していること、宮廷の恩恵に頼って確定判決に対する再審を申し立てること（大権判決。Machtspruch 制とよばれた）[23]を廃止したこと、などを強調していた。国事顧問会を通じて、草案の上呈を受けたマリア・テレジアは、国事顧問会と編纂委員会に合同の会議を開かせ、さらに細部をつめること、問題によっては、各州に問い合わせ、その回答をまって審議をつづけること、など彼女らしい慎重な手配りをしたのち、一七七六年七月、マリア・テレジアは民訴法案を裁可した。公布の日は、同年一〇月末、施行の日は、翌年の五月初めと指定された。法典は、ドイツ語のほか、ベーメン語（チェコ語）、イタリア語、ラテン語に翻訳した上、印刷すると定められた。四か国語の法典をもつなど、いかにも多民族を抱えるハープスブルク家領らしい処置であった。ラテン語は、当時のハンガリーなどで公用語として用いられていた。

(7)　印刷の裁許なし（!?）

ところが、ここで、思いがけない事態が発生した。編纂委員会の委員長ジンツェンドルフは、法典の印刷を担当する宮廷政庁（Hofkanzlei. 財政関係の官署、前述三・(2)・④参照）宛て、草案と女帝の裁可状を送付し、その印刷、出版を依頼した。宮廷政庁からは、法典の印刷を認める女帝の裁許状が伝達されない限り、印刷に取りかかれない旨の回答があった。ところが、その裁許状がなかなかおりない。法典は印刷されないままである。そして、ついに一七七六年一二月、編纂委員会は印刷の取止めを申し出てきた。どうして、こんなことになったのであろうか。

その原因については、いろいろな推測が行われているが(24)、最高司法庁が民訴法案に反対であり、その反対をマリア・テレジアが押さえ切れなかった、というのが一番有力な推測のようである。そのことは、次に述べる最高司法庁と編纂委員会のはげしい意見対立の状況からも、十分に首肯できることである。編纂委員会は従来からの見解をあらため（メンバー変更のせいか）、州内に第一審、第二審の裁判所を設けること、限時的に開廷する裁判所を改め、恒常的に開設する裁判所を設けること、などを前提として民訴法の立案を行った。これらのことが州内の等族たちの意向に反することは前述したとおりである。その等族たちの根強い反発に後押しされて、最高司法庁は反対の態度を固持したのであろう。

⑻　審議の継続

驚いたことは、その印刷に付されなかった民訴法案の審議が、なお継続されたことである。まず、イタリア領の四人の法学者の意見を聞いた。次いで、最高司法庁の「オーストリア部」の裁判官ハーン＊（Haan）が――女帝からの指名により――意見書を提出した。彼は、在来のオーストリア（世襲領）法の立場から、再審の申立てを原裁判所にさせるのは、訴訟に訴訟を重ねるようなものだ（オーストリア法では最終審である上告（レヴィジオーン）裁判所にさせていた）と批判し、また証拠判決の制度は、事実主張のあとに証拠調べを行い、審理を二分して遅延させるものだ（オーストリア法では、審理のはじめから事実主張と証拠調べを平行して行った）と反対したが、最後に、最高司法庁が反対勢力の中核である実情にかんがみ、同庁に民訴法案を専門に検討する委員会を設けてはどうか、と提案した。

マリア・テレジアはこの提案を容れ、最高司法庁に命じて、委員長を含む四人を「オーストリア部」、三人を「ベーメン部」から選出した委員会を設営させた。オーストリア部からは委員長のカヴリアニ＊（Cavriani）のほか、ハーン、ケース＊（Kees）が選出され、委員会の報告委員にはケースが命じられた（一七七九年七月より）。

最高司法庁の委員会と、編纂委員会の間の意見の交換は、きわめて複雑なことになった。最初は、前者がその意見を国事顧問会に提出し、それを同会が編纂委員会に送り、後者からその意見を同会に送る、という手続がとられたが、国事顧問会は面倒だとばかりに、両者に合同の会議を開かせ、両者の意見がくい違う場合に限って、同会がその判定を示すという方式に改めた。ところが、両者の意見はことごとにくい違う。そこで、最高司法庁の委員会の意見を、編纂委員会に直送させ、編纂委員会はこれに自己の意見を付して国事顧問会に送る、両者の意見がくい違った場合に国事顧問会がその判定をくだすという方式に落ちついた。

国事顧問会は判定のために特別委員会を設けたが、その委員会には右の両者を代表して、それぞれの委員長のジンツェンドルフ、カヴリアニ、報告委員のフロイデヴォ、ケースが出席したという。この国事顧問会の委員会は、右の両者の対立する数多くの論点のうち、ほとんどの場合に編纂委員会側の意見を採用した。この委員会が活動を開始したのは、一七八〇年五月であった。マリア・テレジアはこの委員会の意見を最後まで聞くことはできなかった。彼女は、同年一一月二〇日に逝去したのである。

マリア・テレジアは、彼女の名を冠した民事法典を立案させるべく、一七五三年に編纂委員会を発足させた。その後、二八年近くという長い期間をかけながら、民事法典はもとより、それより切り離して早期の立法を目指した（一七六六年以来）民訴法典ですら、その結実を見ることなく逝去してしまった。これも、彼女の温和で、なにごとも慎重に進め、平和裡に処理しようとした性向のなせるわざかも知れない。彼女は、その息子のヨーゼフ二世とともに、「オーストリアの啓蒙君主」とよばれる。たしかに、彼女の周りには啓蒙官僚とよばれる人びとが集まっていた。彼らは思い切った国制改革を行い、地方の等族たちの特権をそぎ落とし、中央集権体制を固めていった。今まで同じ官庁が行ってきた行政と司法の両面を切り離し、最高司法庁を設けて後者のトップに置いた、というのもこのことの一つの現われであった。

しかし、この官僚たちが彼女に進言し、彼女もその通りに思い切ってやっておれば、新しい局面が展開したという場面も少なくなかったという。その一つの例が、民訴法典の制定である。各州に三審制を導入し、恒常的に開廷する裁判所体制を実現すれば、そしてそれに反対する州の等族や、それを代弁する形の最高司法庁の意見を押し切っておれば、その時点で民訴法典は実現したはずである。だが彼女は、法典の内容そのものは裁可しながら、そして公布、施行の日まで定めながら、法典の印刷を勅許しないという意外な方法にでたのである。

民訴法典の成立は、後を継いだヨーゼフ二世の強腕に待たざるを得なかった。同法典が公布されたのは、彼の治世開始後半年目であった。

注

（15）民訴法草案の執筆者は、プフホルツ*（Puchholz）であったという（Michael Loschelder, Die österreichische Allgemeine Gerichtsordnung von 1781, (1978), S.26）.

右のロシェルダー氏の著作は、ＡＧＯの成立過程、および法文の内容を詳細に論じ、本稿も負うところが少なくない。

なお、著者のロシェルダー氏（一九五〇年～）は、ドイツ・ボン大学において博士論文の準備にはいり、当初はコンラート（Hermann Conrad）教授の指導を受け、同教授の急死後はクラインハイヤー（Gerd Kleinheyer）教授の指導を受け、現地オーストリアではシュプルンク＊（Sprung）教授らの支援を受けて、博士論文（右の著作）を完成。博士号取得後はドイツ・ケルンにおいて弁護士を開業したという。

（16）このうち、ベーメンに公布された改正訴訟法については、M. Friedrich von Maasburg, Die Proceß=Ordnung für Böhmen vom 23. Januar 1753, 1886がくわしい。

なお、訴訟法改正の論議を担当した最高司法庁の「ベーメン部」は、当然のことながら同部の裁判官で委員会を構成したが、ただ一人例外的に、委員長の依頼により下オーストリア地方の法律家ホルガー＊（Holger）が関与した。その後長く民訴法の立法で活躍するホルガーであるが、委員長はベーメン諸州の訴訟法の改正が、オーストリア諸州、とくにその代表的存在である下オーストリア地方（ヴィーンがある）の訴訟法からかけ離れることを恐れ、ホルガーの造詣に期待したのである。

（17）原語では、Compilationscommission（当時の略称では、Comp Coon）、「編纂」委員会という訳語は、字画も多く、字面も余りよくないので、「立法」委員会という訳語も考えた。しかし、この委員会が発足当時、マリア・テレジアから、「新しい法令の創造を急ぐな、各地の現行法令を収集して、そのなかから適当なものを選べ」と命じられていることや、一七九〇年この委員会が解散されたのち、「法律事項（あるいは立法）に関する宮廷委員会」（Hofkommission in Gesetzsachen）などという紛らわしい名の委員会も発足しているので、「編纂」委員会の名を当てることにした。

なお、この委員会で起草される草案は、オーストリア世襲領とベーメン地方だけを対象範囲としていた。ハンガリー地方、イタリア地方、ニーダーランデ地方は範囲外であった。したがって、のちに触れるＡＧＯも、この二つの地方だけを対象としていた。

(18)　刑事法関係の立法をとりまとめておくと、一七六六年一二月三一日に編纂委員会から女帝あてに、刑事法案が提出され、テレジア刑事法典（Constitutio Criminalis Theresiana）と名づけて、翌年の同じく一二月三一日から施行された。この法典は、まだ刑法と刑訴法を同一法典に記載していたが、次のヨーゼフ二世の一七八七年には、「犯罪とその処罰に関する一般法典」（Allgemeines Gesetzbuch über Verbrechen und deren Bestrafung）として刑法のみが公布され、翌年には「刑事裁判所法」（Kriminalgerichtsordnung）として刑訴法が公布された。

右に述べたテレジア刑事法典と同様に、将来立法される民事法典にもテレジア〔民事〕法典（Codex Teresianus）の名が予定されていた。法典にときの権力者の名を冠するのは当時普通の習慣であった。後出するプロイセンの「マルク・フリードリヒ勅法」（Codicis Friedericiani Marchini）、「フリードリヒ法大全」（Corpus Juris Friedericianum）は、いずれもフリードリヒ大王時代の立法である。

(19)　一七五三年二月、マリア・テレジアから当時の最高司法庁の副長官・フランケンベルク＊（Frankenberg）に対して、統一法典の立案について諮問があり、肯定的な上奏をしたところ、宰相ハウクヴィッツから最高司法庁に編纂委員会を組織するよう指示があった。当初はフランケンベルクが委員長になることに内定していたが、彼が委員会の発足前死去したので、メーレン州の長官であるブリュメンゲン（Blümengen）が指名された。後者（Christof Graf von B.）については、メーレン州に領地をもつ侯爵であること、その息子が最高司法庁の裁判官になったこと以外については知らない。

(20) Allgemeines Bürgerliches Gesetzbuch（略称・ＡＢＧＢ）。国事顧問会、マリア・テレジアに拒否された後、報告委員を代えて、より簡略な法典を目指して審議を重ねたが、ついに女帝の在世中には実現できなかった（彼女の名を冠する予定でいたのに。前注(18)参照）。ヨーゼフ二世の治世にはいって、一七八六年に草案の最初の部分（「人の部」）が法典化された（ヨーゼフの法典〔Josephinisches Gesetzbuch〕とよぶ）。その後報告委員を、マルティーニ*（Martini）、その弟子のツァイラー*（Zeiller）と代え、ようやく一八一一年に公布、翌一二年に施行されたのである。

(21) ホルガーが提起した問題には、財産の差押えによって担保権が発生することは認めないでおこう（優先（制先）主義はとらないで、平等主義をとろう）という類いの問題から、ベーメン州では、不動産の競売に際して蝋燭をつける慣行があるが、このような慣行をやめておこうという類いの問題まであり、後者のような問題にまでつき合わされた編纂委員会、国事顧問会も大変だったろうと思う。そして、これらの会議でもめると、いちいちマリア・テレジアの裁断を仰いだというから、もちろん周囲の廷臣たちの助力があったであろうが、絶対君主のきびしさ、つらさが身にしみる。

(22) Froidevo の和訓を、フロイデヴォとしたことについては、後掲・人物略伝を参照されたい。
なお、彼は指名された当時、下エンス地方の政庁の官僚であり、中央に知られた存在ではなく、ホルガーですらその名を聞いたときに意外の感をもったようであるが、どこかでマリア・テレジア（またはその周辺の廷臣）にその有能さを知られていたようである。

(23) 大権判決をめぐる有名な事件として、プロイセンの粉屋アーノルト事件がある。拙著・ドイツ三二〇頁注(12)。

（24） Vgl. Loschelder・前注（15） S. 67 ff..

五　ＡＧＯの実現――ヨーゼフ二世――

(1)　ヨーゼフ二世の啓蒙政策

ヨーゼフ二世（一七四一年三月一三日生まれ）は、父帝フランツ一世の死去後、神聖ローマ皇帝に選出された（一七六五年）。ハープスブルク家領については、母帝マリア・テレジアと並んで、共同統治者（Mitregent）の地位についた。しかし、統治の実権は母帝が握っていた。そして、彼の狷介な性質も災いして、感情的にしばしば女帝と対立した。

そのいちじるしい例の一つが、プロイセンのフリードリヒ大王との関係である。母帝が、この大王を「シュレージェン泥棒」として終生忌み嫌ったのに、啓蒙主義の信奉者であるヨーゼフ二世は、その道の先達としてフリードリヒ大王に心服していた。彼は大王に会い（ほかならぬシュレージェンにおいて）、それをきっかけに（ロシアの参加も得て）第一次ポーランド分割を強行した（一七七二年）[25]。しかし、この歩み寄りにもかかわらず、彼はその後、フリードリヒ大王およびその後継者に、外交面で手ひどい目にあわされた[26]。

母帝の亡くなった（一七八〇年）後、ヨーゼフ二世の単独統治がはじまったが、まるでせきを切ったような勢いで、彼の啓蒙主義による政策が着手されていった。一〇年間の治世の間に六〇〇〇もの法令が定められたという。その対象とされた範囲も、政治・経済・文化のあらゆる分野をおおい、主なものだけを列挙しても、宗教・教会の改革、農奴解放の実現、統治機構の整備、官僚体制の確立、徴税手続の統一、産業・貿易の振興、社会福祉の充実、教育組織の改善、などが挙げられる状況だった。しかし、これらの政策に着手するのに、ヨーゼフ二世はあまりにも性急であった。皮肉屋のフリードリヒ大王から、「一歩目を歩む前に、二歩目を踏み出している」と冷笑される始末であった。各地方の歴史・実情を無視し、強引に彼の政策を押しつけようとする手法に、各地方で強い反発が高まった。ハープスブルク家の存続を危うくしかねない事態となった。彼の生前、あるいは彼の没後後継者によって、その政策の多くが撤回され、生き残ったものは僅かであった。その僅かな生き残りのなかに、彼の治世時代に制定された民刑事法があった[27]。そのうちの一つに、ＡＧＯ（一般裁判所法）がある。長い時間を経過した後、われわれはようやくにしてＡＧＯの実現を見ることができる。

(2)　ＡＧＯの公布と施行

マリア・テレジアからヨーゼフ二世にバトンタッチされたころ、ＡＧＯの審議状況は以下のようなものであった。

編纂委員会の草案に対する最高司法庁の反対がはげしいので、同庁に委員会を作るように命じ、その委員会と編纂委員会の意見が衝突する論点については、国事顧問会が最後の断をくだすという態勢をとった。国事顧問会でも特別の委員会を設け、そこに右の二つの委員会の委員長（カウリアニ、ジンツェンドルフ）、報告委員（ケース、フロイデヴォ）の参加を求め、彼らの意見を聞きながら審議を開始した。その審議がまだ終らないうちに、一七八〇年一一月二〇日、マリア・テレジアは逝去した。ヨーゼフ二世の単独統治がはじまった。彼は素早く行動した。

一七八一年一月二五日、というから母帝の死後まだ二か月とちょっと経過したところであるが、彼は、最高司法庁と国事顧問会の二つの委員会の解散を命じた。そして、編纂委員会のみを残し、そこに最高司法庁の委員会の委員長と報告委員の参加を求めた。編纂委員会には、国事顧問会の委員会でまだ決着しなかった問題について、新しいメンバーとなった編纂委員会であらためて審議させ、それでもなお決着のつかない問題については、自分（ヨーゼフ二世）に上申するよう命じた。新しい編纂委員会は一七八一年二月から審議を重ね、紛糾した問題についてはヨーゼフ二世に上申した。同年三月から四月、ヨーゼフ二世は自ら裁断をくだし、問題にけりをつけた。もはや、ＡＧＯの公布について、なんらの障害もなくなった。公布の日は同年五月一日と定められ、母帝マリア・テレジアのときには公布の妨げとなった印刷の勅許も、今度は問題なく与えられ、施行は翌八二年一月一日からとされた(28)。

(3)　等族と証人宣誓

専門家の集団である編纂委員会ですら決着のつけられなかった問題を多少の法的知識があるとはいえ、けりをつけ立法を実現させたヨーゼフ二世(29)の強腕には、驚きを禁じることができないが、彼が解決した問題のなかには、次のような問題も含まれていた。

ことは、まだマリア・テレジアの生前であった一七七四年九月に発するが、編纂委員会から国事顧問会あて、従来等族（貴族・高位聖職者・都市）に認められてきた証人宣誓の免除は、このさい廃止してはどうかという提案がなされた。証人は自分の行う証言が真実である旨を明らかにするために、証言のさいに宣誓しなければならないというのが一般である。ところが等族には、以前からこの宣誓を行う義務が免除されてきた。一七五五年には、この免除がマリア・テレジアによっても再確認されている。しかし、編纂委員会にいわせると、このような免除は、等族がしたせっかくの証言の信用力を自らおとしめるものだ。だいいち、刑事事件ではこのような免除が認められていないのに、民事事件に限って免除を認めるのは辻つまが合わない、というのであった。

この意見を国事顧問会から聴いたマリア・テレジアは、各州の等族たちに対してアンケートを出した。等族たちの回答は、当然のことながら――シュレージェン州をのぞいて――「否」であった。このような免除が認められてきたのは、等族たちが誠実であり信用力があると評価されてきたからである（そのような評価があればこそ、等族たちが証言するさいは宣誓は不要とされてきたのである）。それを今さら、この免除が認められなくなるのは、等族がこの免除を濫用してきたため、と世間に思われるのではないか、等族の名誉を傷つけることもおびただしい、と反対してきたのである。

しかし、この反対意見は、あれほど等族に対して柔軟であったマリア・テレジアにも通用しなかったようである。編纂委員会の草案には、この免除に言及することなく、素っ気なく「証言を行う者は、宣誓をすべきである」と規定されただけであった（一五五条）。

ヨーゼフ二世の時代にはいり、新しいメンバーの編纂委員会で、この問題が再燃し、委員会の意見は真っ二つに分かれた。従来の委員会の意見通り「免除不可」とする者（マルティーニ、ホルテン、フロイデヴォ）と、最高司法庁の委員会がかつて示した「免除肯定」を支持する者（カヴリアニ、ホルガー、ケース）は、その立場の違いをくっきりと示した。決をくだすのは、委員長のジンツェンドルフであったが、彼は、宣誓よりも、不真実な証言であることが判明したときに厳罰を課するほうが効果的、という一般的言説をもらしたが、当面の免除の問題については判断を示さず、ヨーゼフ二世の勅裁を求めた。勅裁は意外にも「免除肯定」であった。ヨーゼフ二世は、母帝とちがって、等族に対して強圧的に対したことで知られている。等族の特権を認め、彼らの自由な主張を容れていては、彼の目指した啓蒙的な政策を実現できず、中央集権（絶対主義）的な体制を樹立できなかったからである。しかし、その彼にして、右に紹介したような等族の特権（今日のわれわれから見ると、あまり大きな特権とも思われないが）を認めた一場面もあったのである。歴史上のささやかなエピソードとして紹介しておきたい。

(4)　三審制と国王裁判所

マリア・テレジアの生存している間に、ついにＡＧＯの完成を見ることができなかったのは、その大きな原因として、三審制を実現できなかったことと、恒常的に開廷しない裁判所があったこと、の二つがあったことは前に記した。ヴィーン在の最高司法庁を上告（第二審に対する不服申立て）裁判所とするためには、各地方に第一審と第二審の裁判所がなければならない。また、ＡＧＯの採用している訴訟手続――委細は後述する――は、恒常的に開廷する裁判所を前提としているが、この裁判所を設営するためには、有給で職業的な裁判官を雇用しなければならない。裁判所の設営費も、裁判官の人件費も、国王、等族にとってそれぞれ大変な負担である。その上、等族たちは、既存の裁判所制度のあり方を自分たちの特権、自分たちと国王の関係を律する基本（Verfassung）につながる問題、と心得ていた。それだけに、この基本に変更を生じるような事態を容易には許さなかった。マリア・テレジアは、このような等族の反対（それを代弁する最高司法庁の抵抗）にたじろいだのである。

逆にいうと、ヨーゼフ二世は、この反対・抵抗を押し切らねばならなかった。一七八二年にはじまった彼の「司法改革」は、次のような形で実行されていった。

(ア)　第三審　　上告は、ヴィーンの最高司法庁に申し立てることができたが、そのほかにも、地方によってグラーツ（シュタイアーマルク、ケルンテン、クラインの各州）、インスブルック（ティロール州と前部地方）の政庁の「上告部」にも、申し立てることになっていた。いわば最高司法庁の支部が設けられた形であるが、この二つの支部は一七八二年四月に廃止され、上告は最高司法庁に集中されることになった。

(イ)　第二審　　今まで各地方にある政庁（国王系）や、等族の経営する裁判所がその役割を果たしてきたが、地方の主だった都市（ヴィーン、プラハ、クラーゲンフルト、ブリュンなど）に控訴（第二審への不服申立て）を専門に扱う裁判所が設けられた。反面で、従来の政庁の司法部門や、等族の設営する裁判所は廃止された。この専門の裁判所には、国王から給与を受ける法有識者が、裁判長あるいは陪席判事の席を占めた。そして、これらの裁判所は恒常的（通年的）に開廷された。[30]

だが、この種の裁判所を設けることは、前にも指摘したが、国王にとっては大変な財政的負担である。その支配する全域にわたっていっせいにこの種の裁判所が設けられたわけではない。ヨーゼフ二世の統治時代、その後継者の時代に、ぼつぼつとこの種の裁判所が設けられていった。

(ウ)　第一審　今日の感覚からすると、かなりこみ入った状況におかれていた。各地方の下級政庁が民事事件も取り扱っていたが、政庁が担当する職務が異なると、取り扱う事件の種類もちがってくる。土地領主の経営する裁判所もあれば、都市の参事会の作る裁判所もある。大学も、教授、学生の関係する事件の裁判を行ったし、教会も、その信徒間の民事事件まで裁判権を拡げた。恒常的に開いている裁判所もあれば、限時的、ときには臨時的にしか開かれない裁判所もあった。このような状況のもとに、国王の直営する裁判所一色に染めあげ、国王に忠実な官僚となった法有識者（専門家）を全国いっせいにばらまくのは、財政的にとても無理であった。それだけではなく、国王の権力の浸透していない地方の末端へいくと、等族のもっている裁判特権を奪うつもりかと強く反発された。ヴィーン、プラハ、ライバッハ（クラインの州都。現在のスロヴェニアの首都、リュブリャナ）などには、国王直営の裁判所をおくことができたが、オーストリア世襲領内の州都リンツ、グラーツ、インスブルックでさえも、地方政庁の「司法部」に処理をたのむ始末であった。等族の経営する裁判所（家産裁判所。Patrimonialgericht）がその姿を消すのは、一八四八・四九年（三月革命期）の憲法による宣言を待たねばならなかった。

以上のような、決して平坦ではない、でこぼこだらけの道であったが、ともかくも三審制への道が開かれた。ＡＧＯが施行される前提がととのった(31)。

(5)　施行の延期

ＡＧＯの施行日は、一七八二年一月一日と定められていたが、これが同年五月一日まで延期となった（一七八一年一二月一日の勅令による）。その延期の原因は、定かではないが、次のような最高司法庁側の反対が大きく影響していることは確かである。一七八一年一一月ヨーゼフ二世から最高司法庁へ勅諭が送られ、同庁のメンバー、およびヴィーン、下エンス地方の各種の裁判官が合同で、ＡＧＯを検討する委員会を組織するよう命じられた。この委員会は、約五〇にのぼる異論（ＡＧＯに対する）を記載した上申書を提出した。その異論は先の最高司法庁の委員会（マリア・テレジアの時代に組織された）の意見のくり返しであったという。編纂委員会は、この異論を取り上げて、審議を再開した。このために施行が遅れたと思う。編纂委員会は、この約五〇にのぼる異論に対して、詳細な理由を付して、ことごとく反駁した。その反駁は、宰相カウニッツによって「完ぺきである」とほめられるほどであり、ヨーゼフ二世ももちろんこの反駁を採用した。最高司法庁のＡＧＯに対する根づよい抵抗は、ついに消え去ったのである。

単独統治開始以来、最高司法庁と国事顧問会の二つの委員会を解散させ、論争点については自ら裁断をくだすなど、破竹の勢いで進んできたヨーゼフ二世のＡＧＯ実現の動きが、ここで一時期ブレーキをかけられた形である。しかし、ヨーゼフ二世はなぜこのようなことを許したのであろうか。

それほど、従来の制度・手続になじんできた裁判官たちにとって、ＡＧＯの内容、またそれにともなう三審制の導入などは、驚きであり、強い不満の対象となっていたのではなかろうか。ましてや、最高司法庁、ヴィーン、下エンス地方の各種の裁判所といえば、ヨーゼフ二世にとっては足元の裁判所である。足下にうずまいている不満の声の、いわばガス抜きをはかったのではないか。頑固さで知られたヨーゼフ二世が、ガス抜きの必要に迫られるほど、裁判官の不満の声は高く、またこの地方の裁判官は、一個の強力なプレッシャーグループだったのではなかろうか。

(6) ヨーゼフ二世の死去と諸政策の行方

まえにも少し言及したことであるが、ヨーゼフ二世は、各地の等族に対して強気に対応した。母帝の逝去後、オーストリア大公、ベーメン国王、ハンガリー国王の各王公位を継承したが、従来の慣行に従うと、彼は即位にさいして、決められた土地――ベーメンならプラハ、ハンガリーならプレスブルク（Pressburg. 現スロヴァキアの首都・ブラティスラヴァ）――へ赴いて、戴冠式を挙行しなければならなかった。しかし、彼はこれを拒絶した上、各王公位の象徴である王冠を、ヴィーンに送致するよう強制した。このことが、とくにハンガリーの等族を激怒させた(32)。

ヨーゼフ二世が行った諸改革のうち、政治的にもっともまずかったのは、一七八四年、ロンバルディア（イタリア）とニーダーランデ（現ベルギー）を除く各地において、ドイツ語を公用語とするよう強いたことである。公用に共通の言語を用いることは、統治にとっては便宜であったし（ＡＧＯは、ドイツ語原本のほかに、ベーメン語、ラテン語、イタリア語の翻訳本を必要とした）、農村部などは知らず、各地の等族レヴェルでは民族語よりも、ドイツ語を日常的に用いる状況であったから、「各地方の統一感を高めるためにも有用である」というくらいの軽い気持ちで、ドイツ語の強制に踏みきったようである。しかし、このことが、各地の民族語に対する愛着をよびさまし、ひいては文化、国土に対するナショナリズムを高めて、ヨーゼフ二世に対する反抗の形をとらさせた。

この反抗は、一七八〇年代終わりには、ひどい有様になってきた。ハンガリーの等族たちは、一七八八年に再び起った対トルコ戦争(33)に軍隊を出陣させることを拒否した。それだけではなく、ヨーゼフ二世が戴冠式を挙行しなかったことは、われわれの国王でないことを意味するとして、彼らの後押しをつづけてきたプロイセン国王（フリードリヒ・ヴィルヘルム二世。注(26)参照）に使者を送って、同王の義兄弟であるザクセン・ヴァイマール公を王位に就かせようと画策した。

ヨーゼフ二世は、臣下のすすめに従い、即位以来一度も開いていなかったハンガリー議会（等族議会）を招集し、彼の実施してきた諸政策のほとんどを撤回するのやむなきにいたった（一七九〇年一月）。彼の死去する一か月前のことである。

ニーダーランデは、もともとカトリック信仰の篤い地である。ヨーゼフ二世が、プロテスタント（ルター派、カルヴァン派）、ギリシア正教などに寛容で、反面でカトリックの修道院の閉鎖などを行ったことに反感をつのらせていたが、北アメリカの独立、隣国フランスの革命のぼっ発（一七八九年七月）に刺戟され、独立を宣言し、反乱の軍を起こした。ヨーゼフ二世は、軍を送ったが敗れて、「ベルギー合衆国」が樹立された（一七九〇年一月）。この合衆国は、ヨーゼフ二世の弟で、後継者であるレーオポルト二世が、プロイセンの支援を得て、ようやくにして鎮圧することができた。

ヨーゼフ二世は、一七九〇年二月二四日、対トルコ戦争の陣中に得た病により、四九歳にみたない生涯を閉じた。[34] 彼は、自己の啓蒙思想に基づく諸政策、したがって人民の幸福と、その増進を願った諸政策が、なぜに人民に理解されないのか、その反発を買うのか、十分に納得のいかないままに、この世を去ったといわれる。彼の生前に作らせた墓碑には、「私心なきも不幸にしてその意を得ざりし公ここに眠る」と刻まれているという。

ヨーゼフ二世が行った諸改革、それらを貫ぬく思想を指して、ヨーゼフ主義とよばれている。ひろくは、母帝の治世の後半から、彼の治政の時代、その後継者の時代まで、生きつづけたオーストリアの精神的・政治的風土をいうとされる。彼が実際に着手した諸政策のうち、後代まで生き残ったのはわずかとされ、それらは狭義のヨーゼフ主義とよばれている。[35] しかし、生き残ったといえば、ＡＧＯも、狭義のヨーゼフ主義の一つであった。

ＡＧＯは、その後いく度かの修正を経ながらも、一八九八年一月に新しい民訴法典が施行されるまで（公布は一八九五年八月）、一一〇余年もオーストリアの現行法としての効力を維持したのである。[36]

注

(25)　一七六九年、ヨーゼフ二世がフリードリヒ大王をシュレージェンに訪問し、二年後には、後者が前者をメーレンに訪問した。

第一次ポーランド分割にさいして、マリア・テレジアは、国土の無法な奪取である、王者のすることではない、と強く反対したといわれるが、ヨーゼフ二世と宰相カウニッツの根ばり強い説得にあい、ついに断念して署名したという。フリードリヒ大王は、「彼女は泣きながらも受け取る」と冷笑したといわれる。なお、この分割を通じて、ハープスブルク家はガリチ（エ）ン（Galizien. 後掲参照）を取得した。

(26)　バイエルン（首都、ミュンヒェン）は、オーストリアにとって西側に国境を接し、とかく食指の動く地方である。

一七七七年、バイエルンの領主家が相続人なくして断絶したのを好機に、マリア・テレジア、ヨーゼフ二世は軍をバイエルンに入れたが、ハープスブルク家の強大化を恐れたフリードリヒ大王は、ドイツの世論を味方にし、自軍をベーメンに出動させた。ハープスブルク家は、断念せざるを得なかった（一七七九年に講和）。

一七八五年、ヨーゼフ二世はバイエルン領主家（別流が継承）と交渉し、自国のニーダーランデ（現ベルギー）と領土を交換することを持ち出した。自国の主領地から遙かに遠く、商工業は発達しているが、統御のしにくかった地方である。この交渉を聞いて、ドイツの他の諸侯たちが動いて、諸侯「同盟」を結成し、プロイセンの新王（フリードリヒ・ヴィルヘルム二世。大王の甥、後継者）の支持を得た。ハープスブルク家はここでも断念せざるを得なかった。

(27)　刑事法については、前注(18)。
　一七八三年五月、婚姻令が施行された。婚姻は、民事法（世俗法）上の契約として位置づけられた。式そのものはまだ教会で挙式されたが、結婚の障害にどのようなものがあるかは国家法が定め、その存否の審理や、裁判は国家の裁判所が行うことになった。教会の裁判権はいちじるしく制限されることになった。

　なお、前章で述べたとおりに、（マリア・）テレジアの名を冠する予定だった民事法典は、その第一部（「人」の部）がヨーゼフ法典（Josephinisches Gesetzbuch）として公布された（施行日は一七八七年一月）。この法典の第三章に「夫婦の法について」という節があり、右の婚姻令はここに吸収された。ヨーゼフ法典そのものは、のちの一般民法典（ＡＢＧＢ）の施行（一八一二年）にともない効力を失った。
(28)　ＡＧＯと同じ日、一七八一年五月一日に、一般破産法（Allgemeine Concursordnung）も公布された。同法の立案の報告委員はケース、ほかにカヴリアニ、マルティーニ、ツェンカー、フロイデヴォらが参画した。
(29)　ヨーゼフ二世の皇太子時代の法律教師としては、ベック*の名が知られているが、ほかに、他の弟妹ともども、ヴィーン大学の高名な教授マルティーニ（編纂委員の一人）からも親講を受けていた。
(30)　これらの第二審裁判所は、多くは Appellationsgericht とよばれ（Appellation はラテン語の apel（異議、不服）より由来する）、一部は Tribunal とよばれていた。いずれにせよ、これらの控訴裁判所のモデルとなったのは、一五四三年の創立以来プラハにあった Appellationsgericht であった。ベーメンとメーレンの都市裁判所の判決に対する控訴を取り扱ってきたが、ヨーゼフ二世の改革とともに、等族事件、農民事件なども含み、ベーメン、メーレン両州のあらゆる事件を取り扱うようになった。

なお、当時の第二審裁判所は、管轄州内の司法行政をも担当して、かなり広汎な権限を持っており、裁判官、弁護士の登用試験、行政官庁へ就職する若い官僚の能力試験なども担当していた。

(31) しかし、ヨーゼフ二世は、ＡＧＯの施行にあたって、次の三種の裁判所を同法の適用の外においた。軍事裁判所、商事＝手形裁判所、鉱山裁判所の三種である。もっとも、これらの裁判所も、ＡＧＯの施行直前には、その手続をＡＧＯに定める手続に準じる形に改めたので、実際の運用には大きな差異はなかった。

(32) ハンガリーの王冠は、ドイツ語で「シュテファンの王冠」(Stefankrone) とよばれた。シュテファンとは、イシュトヴァーン一世 (István I. 九七〇ころ～一〇三八年) のことで、キリスト教の洗礼を受けその教化につとめたので、一〇〇〇年 (一〇世紀の末年)、ときのローマ教皇により初代のハンガリ国王の王冠を授けられた。この王冠は、いったんヴィーンに送られたが、その後ハンガリー等族のはげしい要求により、一七九〇年ヨーゼフ二世の死の直前に、ハンガリーに送り返された。

(33) オーストリアは、オスマン・トルコとしばしば戦火をまじえているが (ヴィーンが二度の包囲によって苦しめられたことは、史上有名)、このたびはロシアとの同盟関係による。ロシアもまた、しばしばオスマン・トルコと戦争をするが、一七八七年にはじまった戦争には、同盟条約にもとづきオーストリアはロシア側に立って参戦、ベオグラードなどを奪った。しかし、ヨーゼフ二世が死に、トルコ側もスルタンが亡くなったりして、戦争は終結に向った。

(34) ヨーゼフ二世は、もともと性格が頑固で狷介であったといわれているが、家庭的にも不幸だったようである。結婚後三年にして愛妻 (パルマ王女) を亡くし、その前に得ていた一女 (母帝が命名して、同名のマリア・テレジア）も幼くして亡くなったようである。後妻（バイエルン王女）とはうまくいかず、子宝にも恵まれなかった。彼の後は、次弟レーオポルト二世が継いだ。

ハープスブルク家の当主には、芸術に対する理解が深く、芸術家を育てたので有名な者が多いが、ヨーゼフ二世もその一人で、モーツァルトの後援者であった。その作品、オペラ「後宮からの逃走（または誘拐）」などを楽しんだという。

(35) 狭義のヨーゼフ主義には、次の二者、とくに前者が数えられるのが普通である。

①　寛容令　ヨーゼフ二世は、一七八一年一〇月、非カトリック教徒について、次のような勅令を各地に伝達させた。ここにいう非カトリック教徒とは、プロテスタント二派（ルター派、カルヴァン派）と、ギリシア正教の信者である。(a)今後、非カトリック教徒は、私的な礼拝行為なら許される。(b)私的な礼拝行為とは、家庭内で礼拝すること、および、それらしい外観――塔や鐘。公道に面した玄関など――を備えない限り、礼拝堂を建立することも含まれる。(c)非カトリック教徒にも、住居などの買入権、定住権、親方（マイスター）となる権利、博士など学問的称号を取得する権利、文官となる権利が認められる。(d)文官の選抜、その職務の昇降にあたって、信教による差別をしてはならない。一七八二年以降、ユダヤ教徒にも寛容な態度がとられた。一五世紀末以降、ユダヤ教徒にはヴィーンを含む下エンス地方に住むことを許されなかったが、一定の財産保持を条件にヴィーンに住むことが許された。

②　農奴解放　地方によって多少のバラつきはあったが、ハープスブルク家領では、農民（隷農）は、土地領主に一身上の拘束を受けていた。住居を変えること、職業を変えること（たとえば、手工業者へ）は、もちろん領主の許可がいったし、結婚するにも領主の許可が必要であった。父が亡

くなったので農地を相続するときにも、領主の許可と特別の費用が要求された。高い地代（現物納か、それとも換金して金納か）を払わされた上、賦役として領主の館や農場で無料奉仕することも強制されていた。

ヨーゼフ二世は、一七八一年一一月にはじまる一連の勅令で、農民を一身上の拘束から解放し、さらに地代も、金納に限定し、生産額の七〇パーセントは農民の手に残るようにした。賦役は、ご料地と直轄都市、教会領では廃止と決められた。

また、農民が土地領主を相手どって起こした紛争は、国王の設営する裁判所（地方政庁が裁判の任務を担当した）へ提訴する道を開いた。この紛争が民事紛争の性格をもつときは、農民弁護士（Untertanenadvocat）が農民の側についた。この弁護士は、州にやとわれ、州政庁から給付を受けていたが、農民については無料で代理人をつとめた。

（36）ヨーゼフ二世の行った改革に、いま一つつけ加えておきたい。

当時のオーストリアだけではなく、神聖ローマ帝国を含むドイツ各地では、裁判所に貴族出身の裁判官席、騎士・平民（有識者）出身の裁判官席が区別して設けられた上、合議のさいの着席順、発言順などにも歴然たる差別が認められていた。ヨーゼフ二世は一七八二年には口頭で、（それが徹底しないと見た）八六年には書面で、最高司法庁の長官に、全国の裁判所で、この差別を廃止し、任命順にするように要求した。ドイツの各地で、この差別が撤回されるためには、一四八四年の革命（三月革命）を待たねばならなかったところが多かったが、ヨーゼフ二世は先鞭を付けたのである。

六　ＡＧＯの諸制度

当初は実体法を審議の対象としていた編纂委員会が、訴訟法の立法も視野に入れ活動を始めたのは、一七六六年一二月。その訴訟法（ＡＧＯ）がついに施行を見たのは、一七八二年五月。その間に一五年半の歳月を経過して、本稿もようやくＡＧＯの内容の紹介にたどりついた。もちろんその全貌を紹介することはできない。部分的にいくつかの局面を取り上げて、説明することを許されたい。

(1)　書面審理主義

(ア)　裁判所は判決をする前に、審理を行う。その審理を通じて、判決の資料を収集するのである。そのさいに、もっぱら当事者の提出した書面に記載した事項を資料とするのか、出廷した当事者が口頭で陳述したところだけを資料とするのか。書面（審理）主義と口頭（審理）主義の対立である。

ベーメン地方の立法は、書面主義を採用していた。一定の限られた事件には口頭主義を認めたが、普通の事件は書面主義で処理された。原告による訴状、被告による答弁書（そこには抗弁も記載する）、原告による再抗弁書、被告による再々抗弁書の各提出、したがって計四つの書面が提出された。

これに対して、オーストリア世襲領（ことにヴィーンを中心とする下エンス地方。以下、ヴィーン地方とよんでおく）では口頭主義を主とし、書面主義を従としていた。すべての事件の審理が、口頭主義で開始され、途中で裁判官が複雑と認めると、書面主義に切り換えられた。この場合にも計四つが原則とされたが、状況によって六つまで認められた。

編纂委員会の草案（フロイデヴァが起草、一七七五年提出）は、ベーメン地方の立法にならった。ヴィーンの最高司法庁は――すでにしばしば述べたように――ヴィーン地方の立法を擁護する立場であった。両者の間に、はげしい議論が展開された。書面主義、口頭主義の長所・短所をめぐって述べられた内容は、今日の教科書に見るのとまったく同じである。歴史的興味はあるが、ここでは割愛しておこう。

(イ)　国事顧問会も、ヨーゼフ二世も、編纂委員会の草案に賛成した。書面主義が、成文（ＡＧＯ）に採用された。ドイツ法系の書面主義訴訟法の典型であるともいわれる。

一般の事件には書面主義で、例外として、地方（田舎）の事件[37]、二五フロリーン（＝グルデン）を超えない事件などに限って、口頭主義が採られる。ただ、当事者間に合意が成立したときは、お互いに他の主義（方式）を採ることができる（一五条。書面主義について三四条以下、口頭主義について一七条以下）。

書面主義でも、口頭主義でも、各当事者は二回ずつ、書面提出または口頭陳述（弁論）の機会を与えられる（二条。口頭主義においても、訴えは書面または口頭によってすることができる、一七条）。書面提出、口頭陳述のおりは、事実の主張のほか、証拠申出も同時にすることが求められたが（一二条）、このいわゆる証拠結合主義は、ベーメン地方、ヴィーン地方とも古くから伝えられてきた。

(2)　証拠判決

ＡＧＯの審議の過程で、最後まではげしく争われた問題に、証拠判決の制度がある。

(ア)　証拠判決は、証拠調べにはいる前に、裁判所により、証拠調べによって明らかにすべき事実（立証〔または要証〕事実）、証拠調べの対象となる証拠を提出すべき当事者（立証責任を負う当事者）、証拠を提出すべき期間（立証期間）を定めて当事者に言い渡される裁判で、判決の形式をとる。(38)

証拠判決が言い渡される時期は、――以下では、ＡＧＯの通則である書面主義手続を例にとって述べるが――当事者間の書面提出・交換が終ったのちである。この手続では、すでに述べたように、各当事者に二回の書面提出が認められる。提出された書面は、裁判所により相手方に送達される。この書面提出・交換が終ったのち、裁判官は、当事者双方から提出された書面を比較して、当事者間で争われている事実（争点）、争われていない事実を区別して、前者を立証（要証）事実として証拠判決に掲げるのである。

(イ)　証拠判決の制度は、比較的に歴史の浅い制度である。普通法（全国的な補充法）の有力な法源であるローマ法、カノン法には、この制度は見当たらなかった。古ゲルマン法の色合いを濃く残すザクセン法から、由来したものである。しかも、この制度が、普通法のもう一つの有力な法源とされる帝室裁判所法（とくに一六五四年の最終帝国決議）によって採用されたので、一躍注目を浴びたのである。

歴史が浅いので、この制度をめぐっては、いろいろな議論が展開されたが、それらの詳細は前に述べる機会をもったので（拙著・ドイツ九五頁以下）、ここでは次の一つだけを取り上げておくと――、

証拠判決に対して、独立した上訴を許すか、また、この上訴について、手続停止効を認めるか、換言すると、この上訴が解決され、証拠判決が確定するまで、証拠調べは行われないのか。証拠判決に独立した上訴を許すことは、同じ審級内で二つの上訴を許すことになる。証拠判決（の確定）後、証拠調べが行われ、それに基づいて判決（終局判決）がなされると、これに

対しても上訴を許さなければならないから、二重となる。しかし、証拠判決に対する上訴を肯定する見解は、証拠調べの結果が終局判決に対しておよぼす影響を考えると、どうしても証拠調べ開始前に上訴を認めておかなければならない、と主張し、これがザクセン法以来の伝統的な考え方であった。

(ウ)　編纂委員会の草案は、証拠判決制の導入を提案した。そして、この提案が容れられて、ＡＧＯにはこの制度が定着した。もっともヴィーン地方を含むオーストリア世襲領では、この制度をまったく知らなかった。ザクセンと国境を接するベーメン地方ですら、当事者宣誓（のちの当事者尋問）に限ってこの制度を認めていた。

ところが、ＡＧＯは、この制度を当事者宣誓（二〇八条）のみならず、証人尋問（一二六条）、鑑定（一八七条）にまで押しひろげた。[39]また、証拠判決に対して、独立した上訴を認め、その判決の確定をまって証拠調べを開始した（例、一四五条）。

ＡＧＯへの証拠判決制の導入に対して、最高司法庁はつよく反発した。終局判決に対する上訴のほかに、証拠判決について上訴を許し、ましてこれに手続停止効を認めていては、訴訟手続がきわめて遅延してしまうではないか。前から広く行われていた反論がここでも援用された。

編纂委員会側は、証拠判決を導入したほうが、事件の解決にとって無用な事実の証人尋問などを避けることができ、手続の迅速にとっても経済にとっても有用である、といい張った。この主張が容れられ、ＡＧＯは証拠判決を採用したが、続く一九世紀の後半、証拠判決は（オーストリアを含む）ドイツ法系から姿を消し、歴史の審判は、最高司法庁側に手を挙げたのである。

(3)　文書目録作成手続

(ア)　ＡＧＯでは、当時のドイツの他の国ぐにには見られない特異な制度が行われていた。Inrotulierung——かりに文書目録作成手続と訳しておく——である。書面主義の手続に限って認められた。

当事者の書面提出・交換が終ったのち、裁判所は一定の期間をあけて期日を定め、当事者双方をよび出す。当事者はそれまでに相手方から送られてきた書面、添付書類（書証）などをたずさえて、期日に出頭する。（相手方が期日に欠席する場合に備えて）自分の送付した書面、添付書類（の写し）をたずさえていくことも必要である。裁判所の担当官は、これらの書面、添付書類をつき合わせ、当事者の意見も聞いた上で、事件について提出された書面、添付書類の一覧表を作成する。そのほかに、この期日に関する調書も作成する。裁判所の担当官が事件の担当官（主任裁判官とよばれる）でないときは、右の一覧表、調書、それに提出された書面、添付書類が主任裁判官に送られ、これが判決の基礎となるのである（二三八条以下）。

要するに、書面交換も終り、これから判決に移ろうとするさいに、当事者に書面交換の手続に不満がなかったかを聞き、判決の基礎（書面交換の結果）に対する不満をあらかじめ取り除いておこうとする制度である。

(イ)　この制度は、ドイツの他の国ぐには見られなかった。普通法上にも存在しなかった。ただ、神聖ローマ帝国の裁判所の一つ、帝国宮内法院（Reichshofrat. 前掲三・(2)・①参照）には類似の制度が認められた。[40] 宮内法院は（皇帝のいる）ヴィーンにあった。この宮内法院の制度が、ヴィーンや周辺の地方に影響したかもしれないし、逆にヴィーンや周辺の地方の伝来の制度が、宮内法院に影響を与えたのか――よく分からない。

半世紀を経過したのちの一八三〇年代、ドイツでは「口頭による最終弁論をともなう書面手続」というのが行われた。バーデン大公国、プロイセン王国の法律が有名であり、前にプロイセンの法律を例にとって紹介したことがある。[41] しかし、これと、ＡＧＯの「文書目録作成手続」とは、基本的にちがっているようである。当事者間で書面交換が行われたのち、期日を指定して、当事者双方をよび出す、というところまでは類似している。だが、期日によび出された当事者の議論の対象が異なっている。プロイセン法では、主任裁判官の作成した報告書である。書面交換が終ったのち、主任裁判官は、なにが争われた事実（争点）であるか、なにが争われなかった事実（自白された事実）であるか、区別して書面に記載する。この書面が報告書とよばれるが、その記載をめぐって議論するのである。この当事者間の議論（弁論）を、受訴裁判所の裁判官の全員が直接聴取し、また、この弁論は一般公衆の傍聴できる公開法廷で行われる。このことによって、直接主義、公開主義の要請をみたそうとしている。

ところが、AGOの文書目録作成手続では、当事者の議論の対象は、書面の提出・交換の手続そのものである。その手続の結果として、主任裁判官は報告書を作成するが、その前の段階である。主任裁判官がどのような報告書を書いたかは、それに基づいてなされた判決の内容を見て、当事者ははじめて気付くのである。受訴裁判所の全員が聴取するどころか、目録作成手続の担当官ですら、主任裁判官である保障がない。まして、議論が公開の法廷でなされるなど、当時ではとうてい及びもつかないことであった。訴訟法の内容（当事者の手続保障）が、半世紀の間にこれだけ変化したのである。その間のフランス大革命の存在が大きいであろう。

(4) 弁論の更新の禁止――同時提出主義――

(ア)　控訴審における弁論の更新の禁止（Neuerungsverbot）――これは、今日でもドイツ法系におけるオーストリア法のいちじるしい特色として知られている。控訴審においては、第一審の判決前に提出されなかった新しい事実、証拠は、もはや提出することを許されない。その事実や証拠が、第一審判決後に発生したものであれ、第一審判決前にすでに存在していたが、当事者がその存在に気付かなかったものであれ、第一審判決前の手続において顕示されなかった事実や証拠は、もはや提出を許されない、というきびしい内容である[42]。一八九五年に立法された民訴法（ＺＰＯ）の規定が紹介されることが多いが、制度じたいはすでにＡＧＯに定着を見ていた。すなわち、「控訴（Appellationsbeschwerde）においては、第一審裁判所に提出された以外の事実や証拠方法はこれを提出してはならないものとする。これに違反したときは、その提出は顧慮されてはならない」（二五七条[43]）。

弁論の更新の禁止については、アントン・メンガー*（Anton Menger）に歴史の研究がある[44]。それによると、オーストリア世襲領域では、早くも一六世紀にはこの制度が確立していた。これに対してベーメン地方では、普通法の影響を受けて、一定の制約のもとに弁論の更新（新事実・証拠の提出）を許していたという。

(イ)　普通法は、この更新の許・不許をめぐって、動揺を重ねてきた。普通法にとっての二つの基本的な法源、ローマ法とカノン法は、控訴審の構造について覆審主義をとっていた。控訴の提起とともに、第一審判決も、それに先行する第一審の審理手続も、訴え提起のときに遡って効力を失う。事件について先行する判決も審理手続もなくなってしまうから、控訴審の裁判官は事件について更めて審理し直さなければならない。第一審で提出できた事実・証拠は提出できるし（また、提出しなければならない）、新しい事実・証拠を提出することもできる。このようにして、新しい事実・証拠の提出（更新）が、無制限な形で認められていた。この更新に制約が課せられるようになったのは、第一審手続に法定序列主義、同時提出主義が導入されたことによる。

第一審手続において、請求原因事実は訴状に、抗弁事実は答弁書に、再抗弁事実は再抗弁書に、再々抗弁事実は再々抗弁書に、それぞれ記載されなければならない。事実の種類によって、その提出時期に序列がつけられたのである。同じ種類の事実が複数あるときは、そのうちの一つを主たる事実に選び、他の事実は、かりに主たる事実が認められなければ、この事実を主張するというような形、つまり予備的な形で主張する。このような形であれ、同じ種類の事実は同じ時期に主張しておかないと、後の時点ではもはや主張することを許されなくなる。このようなきびしい失権効（主張する権限を失う）をともなった立前、同じ種類の事実は同じ時期に主張しなければならない立前を、同時提出主義という。

しかし、同時提出主義には、例外が認められていた。その主張すべき時点以降に発生した事実（この事実は、主張しようにもできなかった）、およびその時点にすでに存在していたが、当事者が過失なくして主張できなかった事実は、その間の事情を明らかにすれば、後の時点において主張することが許された。その間の事情を明らかにする方法としては、当事者が「その事情は確かに存在する」と宣誓するだけで、足りるとされていた。

(ウ)　このように第一審手続において法定序列主義、同時提出主義をとる以上は、控訴審においても同様に解すべきではないか。当事者が第一審の手続において提出できた事実・証拠は、それより後れる時点——控訴審——においてはもはや提出することを許されない。ただ、右に述べたような例外的な事実・証拠、すなわち第一審の判決後に発生した事実・証拠、第一審の手続当時すでに存在していたが、当事者が過失によらずに提出できなかった事実・証拠は、当事者がその事情を宣誓したときには提出することが許される。このような考え方が、次第に有力となってきた。この考え方を後押ししたのが、普通法のもう一つの有力な法源、一六五四年の最終帝国決議であった。同決議は、当事者が「私は原審当時には、この新しい訴訟資料〔事実・証拠〕があるとは知りませんでした（あるいは、原審当時にはこの資料を提出できませんでした。または、原審当時にはこの資料を提出しても役に立つとは思いませんでした）」と宣誓すれば、新しい訴訟資料の提出は許すという態度をとった。最後の文言の宣誓まで許すのは、甘すぎるという批判があったが、概して、この最終決議の方向が支配的となった(45)。ベーメン地方の立法は、この普通法の支配的傾向に従ったのである。

(エ)　ＡＧＯは、第一審手続において、法定序列主義、同時提出主義を採用した（訴状の記載事項・三条、答弁書の記載事項・五条など）。特定の期間内に提出されなかった事実・証拠は、のちの時点では提出を許されなくなる。ただ、例外的に、当事者が故意に提出しなかったわけではない、という事情を明らかにしたときに限って、期間を徒過したのちでも提出することができる（故意に提出しなかった場合だけであるから、過失によって提出しなかった場合は除かれたのであろう）。この事情を明らかにする方法をめぐって、編纂委員会は宣誓を提案したが、最高司法庁は、宣誓では甘すぎる、他の証拠方法（書証など）によるべきだ、事実・証拠の期間におくれた提出を許すときは、相手方の意見を聴取すべきだ、と主張した。立法にさいしては、編纂委員会の提案どおりとなったが、相手方の意見を聴くべきであるという最高司法庁の意見も採用された（原告の提出につき・四七・四八条、被告の提出につき・五三・五四条）。

第一審において、期間におくれた事実・証拠について右のような方法がとられたので、控訴審においても同様である、と期待された。つまり、第一審判決後に発生した事実・証拠はもとより、第一審判決前にすでに発生していたが、当事者が故意に提出しなかったのではない事実・証拠は、控訴審においても提出できる、と期待されたが、案に相違した。AGOは、すでに紹介したように、新事実・証拠の提出（弁論の更新）を全面的に禁止したのである。オーストリア世襲領の立法は古くからそうであった。編纂委員会は、この立法に軍配を上げたのである。フロイデヴォの草案以来、そうであった(46)。

(5)　裁判官と弁護士

ＡＧＯは、全三九章、四三七か条からなる法典である。最後の章において、裁判官の資格、その職務などに触れており、一つ前の章において、弁護士のそれに触れている。今日のわが法流にいえば、民事手続法制に、裁判所法と弁護士法を合流させた形である。しかも、民事手続法制の部分も、民事訴訟法のほか、民事執行法、民事保全法、仲裁法に相当する条文を含んでいるから、よくぞこれだけの条文数に、これだけの内容を盛ったものだ、と感心する。もっとも、それだけに、条文の内容が粗雑だろう、といわれると、別に言葉を返すつもりもないが、一か条のなかにわが国流にいうと数か条が含まれているときもあり、表現の簡潔さとあいまって、当時としては出来のよい法律ではなかったかと評価している。

(ア)　裁判官

まず、裁判官について、簡単に触れておこう。裁判官に選任されるためには、世襲領（法文はErblandeという。本稿にいうオーストリア世襲領とベーメン地方の両方を指している。以下、この法文の使用法に従う）の大学を卒業していなければならなかった[47]（四三〇条）。

そして、四三七条（法典の最後の条文）に、――後世にも引用される――次のような有名な条文があった。「裁判官は、この法律の文言の真の普遍的な理解に基づいて、手続を進め、裁判を言い渡さなければならない。法律の文言と趣旨（Sinn）がくい違っているという口実のもとに、〔後者の趣旨なるものに従って、前者の〕文言を無視してならない。法律の厳格さを緩和するために正義とか、法律と異なる慣行が行われているので〔その慣行に従う〕という理由で、この法律の明確な条文に違反することがあってはならない。ただし、事件に適用する条文がない場合にも、類似した事件について条文があるときは、その条文を適用して差し支えない〔類推解釈は許す〕。この法律について、根拠のある疑問（begründeter Zweifel）が生じたときには、政府（宮廷。Hof）に問い合わせて、その裁断を仰ぐべきである。……」[48]

この条文（その最後の部分）に従って政府に「疑問」が殺到した。政府はその一々に対して指令（Hofdekret）の形で回答した。指令が山積して、ＡＧＯは条文とこの指令を並べなければ実態を把握できなくなったという。[49]

(イ)　弁護士

ＡＧＯが制定される以前、世襲領（ここでいう）の各地では、弁護士に関していろいろな規制が行われていたが、必ずしも統一的ではなかった。世襲領――という限られた地域――ではあれ、弁護士制に統一をもたらしたのはＡＧＯであった。[50] ＡＧＯはこの制度について伝統を墨守したところもあれば、その伝統を打ち破って近代的弁護士制へ一歩を踏み出したところもあった。そのＡＧＯの弁護士規制の特色をうき立たせるために、隣国プロイセンの民訴法（一七四八年制定）と比較してみよう。この民訴法はＣＦＭと略称されている。[51]

ＣＦＭは、証拠判決制その他いろいろな点で、ＡＧＯの立案の参考資料とされていた。弁護士制の立案のためにも、大いに参考とされたと思われる。このころ——一七、一八世紀——のドイツでは、弁護士階層に対する社会的評価が下落し、国家のこの階層に対する圧力も増加する一方であった。ＣＦＭはその国家の圧力を表象する一つの法典である。そして、その行きつく先は、民事裁判手続からおよそ弁護士を放逐するという途方もない法典であった。この法典はＣＪＦとよばれる。そのＣＪＦは、ＡＧＯと同じ年の、しかも数日ちがいで公布された。ＣＪＦについては後に触れるが、ＣＦＭはその露払いをなす法典である。——弁護士制度の比較という形であれ——ＣＦＭに触れておきたい。

①弁護士強制　ＡＧＯは、書面主義の手続において、弁護士強制主義をとっていた。すなわち、「その裁判所の管轄内に、弁護士がいるときは、訴訟書類は、弁護士によって作成されなければならない」（一四条）。間接的な形ながら、弁護士への訴訟の委任が強制されていた。ＣＦＭも、「裁判所に提出する書面には、弁護士の署名を必要とする」といった形で、同じく弁護士への訴訟委任を強制していた。

②定員制　法律上、弁護士の数を一定の人数に限るべきか、それとも、弁護士試験を合格した以上、数に関係なく、誰でも弁護士になれることを認めるべきか。換言すると、弁護士試験は、採用試験か、それとも資格試験か。

ＣＦＭは、マルク地方の上級裁判所（カンマーゲリヒト〔Kammergericht〕とよばれた。ベルリーンにあった）において活動できる弁護士の数を、一二人に制限していた。オーストリアの最高司法庁の草案（注(50) 参照）も、同様に定員制を目指していた。しかし、編纂委員会はこれに反対した。弁護士層に浴びせられる技術拙劣、拝金主義という批判は、弁護士の数を限定してみたところで改善できるものではない。むしろ弁護士を利用する一般公衆の選択に委ねるべきである。おのずから「すぐれた弁護士」の評価が定まっていくであろう。

それに、世間でいわれる司法の機能不全は、なにも弁護士にだけ原因があるのではなく、裁判官の側にもある。ただ、弁護士は訴訟の勝敗を裁判官に握られているので、そのことを声を大きくしていえないだけである。

とにかく、ＡＧＯは、定員制を退けた。後年の「自由な弁護士」制へ向けての重要な第一歩であった。

③分属制　弁護士は、一定の裁判所に所属し、その裁判所の事件しか、取り扱えないのであろうか、また、その裁判所の管轄区域でしか居住できないのであろうか。ＣＦＭは、前述のようにカンマーゲリヒトで活動できる弁護士の数を限定していたが、その弁護士たちはベルリーン市内に住むことを強制された。同じベルリーン市内に住んでいても、下級裁判所所属の弁護士は、カンマーゲリヒトの事件を取り扱えなかったし、カンマーゲリヒトの弁護士たちも、

下級裁判所はもとより、他の州の上級裁判所の事件も、取り扱うことはできなかった。

オーストリアの最高司法庁の草案も、分属制をとり、ことに上級裁判所（控訴裁判所。Appellationsgericht）に所属する弁護士につき、特別の試験を要求した。弁護士試験に合格したのち、何年間か下級裁判所で働き、その後に上級裁判所の特別試験を受けて、その裁判所の所属になるというのである。

この点については、編纂委員会でも意見が分かれた。草案に賛成する多数意見（四票）と、少数の反対意見（三票）に分かれ、後者は、弁護士に依頼した公衆にとって、自分の信頼する弁護士に第三審までまかせたいと思っているのに、各審級ごとに弁護士を変えなければならないのは、思いがけない不安にさらすのではなかろうか。また、弁護士にとってもきびしい弁護士試験を通過しながら、重ねて試験を受けなければならないのは、酷な事態ではなかろうか、と分属制に反対の意見を示した。

ヨーゼフ二世は、この少数意見を採用した（一七八一年三月の段階で）。

ＡＧＯの弁護士試験に関する法文の末尾に、「（弁護士試験に合格した以上は、）人数を問わない、裁判所の種類も問わない」（四一一条）と、たった一行ながら、定員制をとらないことも、分属制をとらないことも宣言されていた。

しかし、実際上、この分属制の行方はどうだったのであろうか。ＡＧＯによって、手続法は統一された。けれども、実体法はまだである。実体法は、州（Provinz）ごとに異なっている。ある州の法律に通じない弁護士は、その州に行って活動はできないのではないか。案の定、一七八七年（ＡＧＯ施行後五年）、上エンス州（リンツなど）の弁護士は、下エンス州（ヴィーンなど）の裁判所へ提出する訴訟書類を作成できず、逆の形の訴訟書類の作成も禁止される、という法令が発布されるに至った。事実上分属制が採られた形であるが、その背景にはこのような地域ごとの法律が異なるという事情も伏在していたのである。

④弁護士試験　弁護士試験を受けるためには、世襲領の大学で得たドクター（博士）号を持っていなければならなかった。ただ、地方（各州の州都外の地域。auf dem Lande）にある地域裁判所（Ortsgericht）で活動する弁護士は、世襲領の大学の学部卒業資格だけで足りた（四一〇条）。

前述したように、裁判官ですら大学の学部卒業資格だけで足りたのである。隣国のＣＦＭでは、この学部卒業資格ですら要求していなかった（大学教育の普及度と、大学教育への信頼度にもよるであろうが）。しかし、世襲領地方では古くから弁護士にドクター号を要求していたようである（一六世紀後半から明瞭になったという）。右の地域裁判所の例外ですら、一七九〇年には撤回された。

このドクター号のほかに、期間は法文上明定されていないが、既存の弁護士事務所での研修が要求され、当該事務所の弁護士から経験・技能・勤勉・誠実さの保証書を貰わなければならない。試験は、各州の上級裁判所（控訴裁判所）が担当する。実体法、手続法、その他その州のすべての法規の知識がテストされる。[52] 受験者の品行、誠実さまでが調査される。[53]

⑤弁護士に対する監視　このころの弁護士に対する法規制は、彼らの一挙手一投足にまで網の目をかぶせ、監視の目を光らせ、なにか法律違反があるとすぐに過料、停職ときには失職という制裁がついて回った。弁護士を抑圧しようという基本姿勢である。ＣＦＭもそうであったし、ＡＧＯもこれを免れなかった。ＡＧＯには、弁護士に関する条文が二〇か条あるが、その大半が彼らの行為義務を定めた規定である。まず、訴状・答弁書などの記載に関する注意があり、「裁判所に提出する書面は、きれいで、読みやすく、かつ誇大な言い方をしてはならない」（四一七条）。

当事者から得る報酬は、事件の受任時に約束してはならず、判決の言渡し前に、その審級の報酬額を裁判所を通じて請求する。委任当事者がこの報酬額を素直に支払えばそれでよいが、裁判所に不服を申し立てたとき、および、敗訴した相手方当事者に支払いを請求したときは、裁判所が適当な額を裁定する。その裁定にあたって、裁判所は弁護士の調製した書類数や、出席した期日数を基準とするのではなく、その事件において弁護士がどれだけ貢献したかを基準とする。ベーメン地方では、弁護士の報酬を訴額（訴訟物の価格）を基準として定めていたが、

（狭義の）オーストリア世襲領では、弁護士の事件に対する貢献度を基準としていた。編纂委員会は、後者の伝統を踏襲した。しかし、それだけ裁判所の裁量の範囲が広くなり、弁護士はこの面からも圧迫を受けていた。

弁護士の監督官庁は、各州の上級裁判所（控訴裁判所）であった。事件を受理した裁判所は、弁護士があからさまな不法を弁護していると思えば、それが不知に基づくものであれ、金もうけのためのものであれ、その弁護士を上級裁判所に告発する。上級裁判所は、弁護士のおかした誤りの程度に応じ、金銭罰を科するか、一時的な営業停止を命ずるか、場合によっては失格（失業）を命ずべきである。他の政府機関も、ある弁護士の品格、誠実さに問題が生じたことを知ったときには、ただちに上級裁判所に連絡すべきである。同裁判所は、弁護士に停職を命じ、くり返し注意したのに改善（悛）を示さないときは、失格を命ずべきである。

このような規定が、ずらりと並ぶ。

注

（37）法文には〈auf dem Lande〉とある（Landは、都市〔Stadt〕に対する）。ＡＧＯ施行の二年目、一七八四年九月の中央からの指令（宮廷指令。Hofdekret）により「州都以外の全地域を指す」という解釈が示された。

(38)　証拠「判決」は、のちに証拠「決定」といい替えられることが多くなったが、主文、理由、事実という判決と同じ体裁がとられていた。

(39)　書証は証拠判決を不用とされたが、自白も証拠判決を不用とされた。ＡＧＯは、自白も証拠方法の一つと見る、当時有力な見解に従ったのである。拙著・ドイツ三〇四頁参照。

自白に言及した関連で、擬制自白についても述べておくと――、

口頭主義（の審理）において、当事者の一方は期日に欠席したが、他方は出席した場合、書面主義において、当事者の一方が相手方の主張を積極的に争う書面を提出しなかった場合、欠席・不提出の当事者は、相手方の主張を否認したものと見るべきか、それとも相手方の主張を自白したものと見るべきか。したがって、相手方主張の事実について、その相手方が立証責任を負うのか、それとも相手方は立証責任を免れるのか。争点決定（litis contestatio）の効果に結びつけて、消極的争点決定か、積極的争点決定かとよばれてきた問題である。普通法と、ベーメン地方の立法は、前者をとり、オーストリア世襲領の立法は、後者をとった。編纂委員会の草案は、後者をとり、格別の異論もなくＡＧＯに至った（口頭主義・二九条、書面主義・三六条など）。ＡＧＯが、オーストリア世襲領の立法をとった一つの例である。

(40)　書面交換が終わったのち、当事者の一方の申立てがあると、裁判所は期日を指定して、当事者双方をよび出す。裁判所は、その双方の席（貴族席と有識者席）から一人ずつの若手裁判官を選び、期日に立ち合わせて、当事者の意見を聴取させる。交換された書面をつき合わせ、当事者に異論がないときはそのまま、異論があるときはまず立会裁判官が判断し、手に余るときは受訴裁判所に判断させる、という仕組みである。Wolfgang Sellert, Prozeßgrundsätze und Stilus Curiae am Reichshofrat,

1973, S.327～331.

(41)　拙著・ドイツ三九五頁以下。

(42)　このオーストリアの制度を紹介するわが国の文献は、すでにかなりの数にのぼっているが、その古典的な文献として、中田淳一「控訴審における更新権について」『訴訟及び仲裁の法理』(昭二八) 二一七頁以下。

(43)　すでに、ハンス・W・ファッシング (森勇訳)「オーストリア民事訴訟法における更新禁止」民事訴訟雑誌二九号 (一九八三) 一一八頁に紹介を見ている。

(44)　Anton Menger, Die Zulässigkeit neuen thatsächlichen Vorbringen in den höheren Instanzen, (1873), bes. S.70ff. 本書は、著者のヴィーン大学私講師時代の作品である。

(45)　このことの経緯については、古い拙稿で恐縮ではあるが、「上告の歴史」小室直人＝小山昇両先生還暦記念『裁判と上訴下』(昭五五) 一三頁以下。

(46)　それでは、弁論の更新を禁止された当事者には、どのような救済手段が与えられたのか。第一審判決に対する原状回復の申立て (のちの再審申立て) である。

当時、原状回復の申立てについては、二つの考え方が行われていた。一つは、国王への恩恵 (Gnade) の懇請とする考え方であり、いま一つは、判決に対する不服申立て (Rechtsmittel) とする考え方である。前者では、その懇請の申立て先は宮廷 (Hof) であり、最高司法庁ができてからは、最高司法庁つまり最上級裁判所と解されていた。後者では、その申立ての対象である判決をした裁判所、つまりここでは第一審裁判所と解されていた。当時のオーストリア地方 (ベーメン地方を含む) では、前者の考え方がとられていた。しかし、編纂委員会はフロイデヴォの草案以来、後者の考え方を採用した。これに対して最高司法庁は、第一審の判決が確定しているのに、また第一審訴訟からやり直すつもりか、訴訟が遷延するではないか、と反論したが、ＡＧＯでは編纂委員会の考え方が採用された（三七五条）。

(47)　この当時オーストリア世襲領の有名大学としてヴィーン（一三六五年創立）、ベーメン地方の有名大学としてプラハ（一三四七年創立）があったものの、ヨーゼフ二世の統治時代には、グラーツ（シュタイアーマルク州）、ブリュン（現ブルノ、メーレン州）、インスブルック（ティロール州）、フライブルク（現ドイツ。当時、前部オーストリア）の各大学は、法律学科は残したものの専門学校レヴェルに格下げされたという。

(48)　隣国のプロイセンでは、ＡＧＯが公布されたと同じ年月（一七八一年五月）に法律委員会（Gesetzkommission）というのが設置された。この委員会は、立法やその改正の担当という任務のほかに、「係争中の事件について裁判官の問合せに解答する」という任務を負っていた。そして、そのころの同国の実体法典（Allgemeines Landrecht）には、「裁判官は、係争事件への法律の適用にあたり、法律の文言、文脈、直接の根拠から明らかになるもの以外を、法律に付与してはならない」と定める一方で、「裁判官は、法律の趣旨（Sinn）に疑問を抱くときは、当事者の名を明らかにすることなく、法律委員会に問い合わせ、同委員会の回答を基礎として裁判すべきである」と定めていた（拙著・ドイツ三五五頁注(37)）。

　オーストリア政府（宮廷。Hof）への問合わせといい、プロイセンの法律委員会への問合わせといい、絶対的専制君主が定めた法規を裁判官が恣意的に解釈し、立法の趣旨を曲解する事態を恐れたものといえるが、この当時は三権分立を提唱したモンテスキューの『法の精神』においてすら、「裁判官は法の文字に忠実でなければならない」と書かれていた時代であった（一七四八年出版）。

(49) そのため、ＡＧＯの修正版として、西ガリチン法が作られることになった（一七九六年一二月公布）。しかし、同法については本稿の末章（八）において触れることにしよう。

(50) フロイデヴォの草案にも、弁護士の章はあったが、ＡＧＯのその章の直接のたたき台となったのは、一七八〇年五月（まだマリア・テレジアの生存中であった）に最高司法庁から国事顧問会に提出された草案、題して「この裁判所の所在地（つまりヴィーン地方）の裁判所の弁護士に関する規制」と称する草案であった。そして、単独統治をはじめたヨーゼフ二世が、フロイデヴォの草案の代りに、この草案をたたき台にするよう命じたのである（一七八一年一月。国事顧問会の推奨によるのであろう）。編纂委員会の提出した意見を、最高司法庁が批判する、というＡＧＯの審議過程の普通の順序を逆転した形であった。

(51) Project des Codicis Friedericiani Marchini（マルク・フリードリヒ勅法の草案）の略。草案という名を付したまま施行された変った法律である。当初はこの草案を各地の議会や裁判所に送り一年内に意見を求めたのに、その一年も待ち切れないで、上級裁判所、次いで下級裁判所に施行を命じたというういきさつがある。フリードリヒ大王の統治時代の法律であるが、大王の専制君主らしい施行の仕方といえば仕方である。なお、マルク（元来は辺境の意）は、プロイセン（ホーエンツォレルン家）の支配する古い領土がこの名でよばれ、シュレージェンなどの新得の領土は含まない。右の法律もマルク地方で施行され、シュレージェンなどには後年施行令を作って適用をみた。

なお、右の法律については、かつてやや立ち入って述べたことがある。「一八世紀のプロイセン民事訴訟法（一）」神戸法学雑誌二三巻三・四号（一九七四年三月）一二一頁以下。その弁護士制度については、一二七頁以下。

(52)　オーストリアの大学は、イエズス会が支配していたので、法学教育もローマ法一辺倒であった。弁護士試験で要求されたドクター号も、ローマ法からテーマを得て取得されたものであった（弁護士にドクター号を請求することにより、イエズス会の支配が弁護士界にも及んでいたといえる）。それだけに、弁護士に各州において実際に行われている法律への知識不足が指摘され、弁護士試験でもこの点が厳格に審査されたようである。イエズス会がマリア・テレジア時代に（ローマ教皇の要請により）解散させられ、大学の支配権が宮廷（国王）に移ってからも、なおローマ法の教育に重点がおかれたという。ヨーゼフ二世の時代（一七八二年）になって、法学教育が従来の五年制から四年制に短縮され、講義科目に政治・行政学が導入されたと伝えられる。

(53)　ＡＧＯは当初、「テレジア法典」の第四部として構想されていた。その第四部を含む同法典の最初の草案を起草したのは、アツォニ（Azzoni）であった。そのアツォニの草案に、弁護士の有すべき諸性格（Eigenschaften）として、次のものが列挙されていたという（Loschelder, S.195, Anm.23による。番号は当方が付したものである）。①学識のある（gelehrt）、②経験に富んだ（erfahren）、③隣人にすぐに役立とうという賞むべき態度（ehrbarer Wandel, dem nächsten zu dienen bereit）、④信頼のできる（getreu）、⑤正直な（aufrichtig）、⑥精励な（emsig）、⑦しんぼう強い（unverdrosen）、⑧注意深い（vorsichtig）、⑨毅然たる（standhaft）、⑩裁判官に対するうやうやしさ（ehrenbietig gegenüber dem Richter）、⑪誰に対してもあいそのよい（leuselig gegen jedermann）、⑫思いやりのある（glimpflich）、⑬折合いがうまくつけられる（verträglich）、⑭利己心のない（uneigennütig）、⑮その他、誠実な人びとに見られる諸性格（und, was sonsten rechtsschaffenen Leuthen zusteht）。

これらの諸表現を読まれて、読者はどのような感想をもたれたであろうか。アッォニは、弁護士からプラハ大学の教授になったという経歴をもつ。その彼にして、この表現ありという時代であった。

七　ＡＧＯとＣＪＦ

⑴　プロイセンのＣＪＦ

㈠　ＡＧＯは、一七八一年五月一日に公布された。これに先立つこと五日、四月二六日に、プロイセンでＣＪＦが公布された。「フリードリヒ法大全・第一部訴訟法」（Corpus Juris Friedricianum. Erstes Buch von der Prozeß=Ordnung）の略である。ＡＧＯは、オーストリアがもった最初の統一的民訴法典であった。プロイセンでは、最初の統一的民訴法典はＣＦＭであったが、ＣＪＦは、これを全面的に書き改めたとはいえ、やはり統一的民訴法典であった。オーストリアとプロイセンという二大強国において、まさしく「旬日を出でず」して、統一的民訴法典がもたらされたことは、ドイツ系民訴法史にとって画期的な出来事であった。しかも、この二つの統一的民訴法典は、その基本的性格をまったく異にしていた。ＡＧＯは、すでにその一部は紹介したが、多少の工夫をこらしながらも、基本的には当時のドイツ普通法に従っていた。これに対してＣＪＦは、もとより普通法から多少のことは学びながらも、その普通法からは想像もつかない思い切った新機軸を展開したのである。(54)

(イ)　ＣＪＦは、弁護士を、民事訴訟手続から全面的に排除してしまった。彼らは今後、非訟事件、破産事件、刑事事件などは扱うことができても、民事訴訟事件に手を染めることはまったく許されなかった。民事訴訟手続においては、裁判官が直接当事者をよび出し、尋問してその言い分を聞き、必要ならば職権で証拠調べをし、そして判決を言い渡す、という恐ろしいほどの職権主義訴訟の構造がつくり出された。

このころ、一部の識者に次のような弁護士放逐論を唱える者がいた。「訴訟がいちじるしく遅延し、当事者がかさばむ費用と時間の浪費に苦しんでいるのは、一にかかって弁護士の無能と策略にある。彼らは無学識・不勉強なので、裁判所にわけの分からない混乱にみちた文書を提出し、裁判所をして応接にとまどわせ、そのために訴訟を引き延ばさせ、また、もともと訴訟を引き延ばせば延ばすほど弁護士の収入はふえるから、彼らはその引き延ばしに全精力と技巧を傾けるのである。そうであるならば、いっそのこと、弁護士を訴訟手続から追い出してしまえばどうか。そして、これに代えて当事者本人を裁判所へ出頭させ、裁判官がじきじきにその本人を取り調べ、事件の真相をきわめたほうが、訴訟も迅速に進むし、また、適正な裁判をすることができるのではないか」。

(ウ)　この弁護士放逐論を地で行ったような法典が、ほかならぬシュレージェンに出現した。一七五一年（オーストリア継承戦争と七年戦争の合い間）にシュレージェンにベルリーンから派遣された裁判官、カルマー（Carmer. 拙著・ドイツ三一九頁注(７)）が同地で出世を重ね、六八年には州の司法長官に任命された。その間に、（後代天才的と評される）スヴァーレッ（Svarez. 同右）を部下に得た。二人は協力して、同州に弁護士を排除し、裁判官が職権で調査を行う訴訟法を導入し、訴訟の促進に効果をあげた。そのことを知ったフリードリヒ大王は、同訴訟法をプロイセン全土に適用しようとして、ベルリーンにいる大法官（首席司法長官）とカンマーゲリヒトの長官に意見を尋ねたところ、彼らは従来のＣＦＭを墨守してゆずらないので、大王はこの二人とカルマーをよび出して、彼の面前で討論を行うように命じた。この御前討論の結果は、カルマーの敗北に決まりかけていたところ、有名な粉屋アーノルト事件が発生した。大法官はひ免され、その後任にはカルマーが選ばれた。一七七九年一二月のことである。一年半後の一七八一年四月二六日、ＣＪＦが公布された。

⑵　ＡＧＯとＣＪＦ

ＣＪＦが公布されたのち、わずか五日後、一七八一年五月一日、ＡＧＯが公布されたことは先に述べた。立法のさい参考とされた学説、外国法典などは、共通のはずである。それなのに、この両法典はなぜこうまで基本構造を異にしたのか。考えられる理由を、以下に述べてみたい。

①　ＡＧＯは、オーストリア（ハープスブルク家）が最初にもった統一的民訴法典であった。立案を担当した編纂委員会が発足したとき、女帝マリア・テレジアは、「諸州の法を比較して、よい法制を選べ。決して新しい法制を創造すると思うな」といましめた。委員たちは、諸州のうちベーメン地方と、オーストリア世襲領（とくに下エンス地方）の法制を比較して、よりよい方を選ぶという方式をとった。その両地方の法制ともに、弁護士の存在を前提としている。弁護士を排除する法制など、とうてい彼らの思い及ぶところではなかった。

この点、プロイセンでは事情に異にする。統一的民訴法典として、すでにＣＦＭをもっている。もはや諸州間の法制を比較して、そのうちのよりよいものをとるなどの手間暇をかける必要はない。ＣＪＦはこのことに立脚して、前身であるＣＦＭの全面的な書き換え、弁護士の排除・職権主義訴訟の構築という思い切った実験ができたのである。

②　ＡＧＯは、ヨーゼフ二世の勇断（あるいは蛮勇）によって実現した法典である。彼が一七八一年三月・四月に示した裁断によって、ＡＧＯの最後の難関が取り払われ、五月の公布へ

と至ったのである。啓蒙主義に傾注し、フリードリヒ大王を深く尊敬していたヨーゼフ二世である。彼をもってすれば、大王にならってＣＪＦと同じ内容の法典を実現することは可能ではなかったか。

オーストリアとプロイセンは国境を接し、隣国に関する情報はす早く伝わる。しかし、それにしても、両法（ＡＰＯとＣＪＦ）の公布時期は接近しすぎていた。オーストリアはＣＪＦに関する正確な情報を取得することは不可能であったろう。カルマーが大法官に任命されたのは、前述のように、一七七九年一二月のことである。それから、将来のＣＪＦを予感させるような大王の訓令が出たり、スヴァーレツの解説書が出版されたりしたが、ＣＪＦの実像はやはり法典を見てはじめて知ることができたであろう。

ヨーゼフ二世の治世は、一七九〇年まで続く。その間に、ＡＧＯを廃棄して、ＣＪＦと同じ内容の法典を導入する可能性は、――理論上は考えられるとしても――実際上はあり得ないことになってしまった。

ＣＪＦが、立法後二、三年のうちに、がたがたになってしまったのである。一七八一年四月の立法なのに、翌八二年三月には、部分的であれ、弁護士の訴訟手続への復帰を認めたし、八三年九月には、その訴訟手続への全面的復帰を認めたのである。弁護士の排除を大前提として、職権主義訴訟を構築していたのにその大前提がもろくも崩潰してしまったのである。私はかつて、このＣＪＦの短命振りを目して、弁護士が民事訴訟にとっていかに必要かを示す壮大な教訓劇であったと評したことがある。

③　プロイセンでは、一八世紀に弁護士に対する社会的評価が極度に低下し、その行きついた先がＣＪＦであった。これに反して、オーストリアではＡＧＯのころにはむしろ弁護士に対する社会的評価は上っていたという。大学に対するイエズス会の支配を脱して、法学教育の質が改善されつつあったし、国家の啓蒙的（後見人的）干渉をきらった市民たちが、自分たちと同階層である弁護士に対する信頼を高めた、と指摘されている。(55) もともとドクター号まで帯びていた高学歴のオーストリア弁護士たちである。彼らを訴訟手続から排除するなど、為政者も思いつかなかったのではあるまいか。

④　カルマーと大法官たちが、大王の面前で争っているときに、粉屋アーノルト事件が発生した。もしこの時期に、あの事件が発生しなければ、大法官はその任務を継続したであろうし、かりに彼が辞任しても、その後任はカンマーゲリヒトの長官などから選ばれたであろう。いずれの場合も、彼らは伝来のＣＦＭを擁護したであろう。ところが、あの事件が発生したために、大法官はひ免されたし、カンマーゲリヒトも大王の不興を買ってしまった（アーノルト事件で、カンマーゲリヒトなどの裁判官が数人収監されてしまった）。カルマーが大法官に任命され、ＣＪＦが実現された。あの時期にあの事件が発生しなければと、この歴史的偶然の前に、私はいつ

も凝然たる思いをするのである。

あの当時のドイツ・ヨーロッパの法状況では、ＡＧＯが普通であり、むしろＣＪＦが異常であった。弁護士を排除するという異常さを負ったために、ＣＪＦはごく短命に終った。ＡＧＯは、一八九八年まで、一二〇年近い寿命を保った。

プロイセンでは、ＣＪＦの改正法として一般裁判所法（Allgemeine Gerichtsordnung für die Preußischen Staaten）が、一七九三年に公布された。同じ一般裁判所法と名乗るので、オーストリアのはÖＡＧＯ、プロイセンのはＰＡＧＯと略称されている。後者は、ドイツ帝国法の施行される一八七九年まで、八六年間の効力を保った。

注

(54)　ＣＪＦの成立事情、法典の内容については、前に拙稿「一八世紀プロイセン民事訴訟法――職権主義訴訟の構造――(一)(二)」神戸法学雑誌二三巻三・四号、二四巻二号、拙著・ドイツ三〇一頁以下に紹介した。

(55)　Kübl (Friedrich), Geschichte der österreichischen Advokatur, 1925, S.89.

八　ＡＧＯの修正――西ガリチン法[56]――

(1)　西ガリチン法の成立

ＡＧＯがその最後の条文において、裁判官の法文に関する解釈を厳しく制限するとともに、もし法文に疑問が生じたときは、政府（Hof）に問い合わせをするように命じたことは前に述べた。そしてこの命令に従って、裁判官が多数の疑問を寄せ、またこの疑問に対して政府がこまめに応答したので、この応答（指令と称した）と条文を並べないとＡＧＯの実態が分からなくなったことも前述した（六・(5)・(a)）。

ヨーゼフ二世は一七九〇年に逝去し、弟のレーオポルト二世がその後を継いだ。彼じしん立派な啓蒙君主だったと評されているが[57]、この兄の後を継いだ折には、兄があまりに強引に政策をおし進めたので、それに対する反感をなだめるのに懸命であった。彼が襲位したのは、一七九〇年二月であったが、早くも同年四月には従来の編纂委員会を解散させ、マルティーニを長とする新しい委員会、立法宮廷委員会（Hofcommission in Gesetzsachen（または、für Gesetzgebung））を発足させた。そしてこの委員会には、遅れている民法典の編纂と、ＡＧＯ

の再審査（必要があれば新立法）を命じた。

この委員会には、当初従来の編纂委員会の主だったメンバーは含まれていなかったが、一七九二年三月にレーオポルト二世があっけなく逝去すると、その長男のフランツ二世が皇帝となった[58]。そして、立法宮廷委員会には従来の編纂委員会からケースとフロイデヴァの二人が起用された。ＡＧＯの再審査はかなり進んでいたが、それ以降（二五二条から）はケースが報告委員となった。その再審査がひとまず終ったところで、例によって各地の官庁、議会、裁判所に意見を問い合わせた。それらの意見が出そろったところで、その意見を参照しながら、ＡＧＯの再審査がはじめから再開されたが、今度はフロイデヴァが報告委員となった。その再開された再審査が終了すると、次には最高司法庁の裁判官たちと立法宮廷委員会の委員たちが合同の委員会を組織し、草案の最終的審査を行った。この最終的審査の途中議論が衝突すると、皇帝の判断を仰いだことはこれまでの立法宮廷委員会の審議の途中と同じであった。

皇帝の判断も聞き終わり、これで草案の審議も終わりましたと皇帝に提出し、その裁可も得たのに、先に皇帝のした判断とちがう判断をしてくれと再度皇帝に奏問することがあった。不快に思った皇帝は、最高行政庁（Direktorium）に委員会を設けて、最終草案の再審議をするように命じた。同庁から草案を送付するよう求められた立法宮廷委員会はあわてて、一度皇帝の裁可を得た草案を行政庁の委員会で再審議するのは筋が通りませんとか、西ガリチンでは新民訴法を施行する必要に迫られていますとか、いろいろ陳弁してその再審議の要求を回避した。(59) 皇帝は一七九六年一二月一九日、施行地域を西ガリチン地方とかぎって新法を公布、施行は翌年五月一日からとなった。これが西ガリチン裁判所法(Die westgalizische Gerichtsordnung. 以下、オーストリアでの例にならい、WGOと略す)である。

(2) 西ガリチン法の施行地域

ポーランドは、一八世紀の後半、ロシヤ、プロイセン、オーストリアによって、領土の分割を強制され、いったんは国家として消滅してしまった(いわゆるポーランド分割)。分割は三回にわたり行われ、第一回目の分割(一七七二年)によって、オーストリアはガリチン(Galizi(e) n. またはガリツィア。現在のポーランド南部地方とウクライナ西部地方)のかなりの部分を手に入れ(ウクライナ西部の主要都市リボフ(L'vov. ドイツ語名・レムベルク、Lemberg)には一七八四年大学が新設された)、第二回目の分割(一七九二年)には参加しなかったが、第三回目の分割(一七九五年)には、右の地方の北方、都市クラクフ(Krakow. ドイツ語名・クラカウ、Krakau)を南端、首都ワルシャワ付近を東流するビスワ川を北端とする地域を入手した。この新しく取得した地域を西ガリチンとよび、先に入手した地域を東ガリチンとよんだ。WGOは当初、このうちの西ガリチンを施行地域として公布されたのである。(60)

やがて、一八〇七年には、東ガリチン地方、ブコヴィナ地方(61)にもＷＧＯの施行が拡大された。一八一四年、一六年には、ナポレオン軍による占領、バイエルン領への併合などを経て、オーストリアに返還されたティロール、ザルツブルクなどにもＷＧＯが施行された。

ＷＧＯ法は、基本的にはＡＧＯと異なるところはない。ＡＧＯでは一か条ですませているところを、その後の政府の「指令」などを踏まえて、ＷＧＯでは数か条になっているところもあり、また、ＡＧＯでは割愛していた手形裁判所、鉱山裁判所の手続を追加したこともあって、ＡＧＯでは条文数が四四〇条を超えなかったのに、ＷＧＯでは六〇〇条を超えている。しかし、原理的な制度では変更がなかった。とくに、前に「ＡＧＯの諸制度」(六)として紹介した部分には、まったく変更がなかった。

いずれにせよ、当時のオーストリア領(ハープスブルク家の支配領域)では、ハンガリー地方をのぞいて、世襲領の大部分(二・(1)で紹介した地域のうち(ア)から(エ)、(キ))と、ベーメン地方では、ＡＧＯが行われ、世襲領の一部(二・(1)の(オ)と(カ)の地方)と新得の地方では、ＷＧＯが行われ、両法はいく度かの修正を受けながら、一八九八年に新民訴法が行われるまで、現行法として効力を保持したのである。

注

(56) 西ガリチン法の成立過程と、法文の内容については、カンシュタイン*(Canstein) の教科書 Lehrbuch der Geschichte und Theorie des Oesterreichischen Civilprozessrechtes, Buch I., 1880, S. 184 ff. によった。

(57) フランツ・シュテファンとマリア・テレジアの間の二男として生まれたレーオポルト二世(一七四七〜九二年)は、父の死後一七六五年その地位を継ぎ、イタリアのトスカーナ大公国(首都・フィレンツェ)の領主となった。以後、兄の後を追ってハープスブルク家の当主となるまで、二六年間、いろいろな啓蒙政策の実現に努力したようである。とくに立憲主義に基づく憲法草案は著名であり、「一八世紀のヨーロッパにおいて立憲主義的政治理念の具体化をはかろうとしたほとんど唯一の君主」と評されている。丹後杏一『オーストリア近代国家形成史』(一九八六年)一四九頁以下。

(58) フランツ二世(一七六八〜一八三五年)に付される称号は複雑である。父の死の後を追って、ハープスブルク家の当主となり、神聖ローマ皇帝にも選ばれたが、一八〇四年フランス皇帝に就いたナポレオンに対抗するため、ハープスブルクの世襲領を帝国として編成し、その皇帝に就位した。そして、自らは、オーストリア皇帝フランツ一世と称した。このフランツ一世と神聖ローマ皇帝フランツ二世の併称がしばらくつづいたが、一八〇六年にはついにナポレオンの圧力に負けて、神聖ローマ皇帝から退位し、ここに八百余年の歴史をたどった神聖ローマ帝国が解消した。以降は、オーストリア皇帝フランツ一世とのみ称された。

(59) しかし、このことをきっかけとして、一七九七年三月立法宮廷委員会と最高行政庁の合同委員会が組織され(この機会に前者の委員長マルティーニは退任した)、一八〇八年にはこの委員会が司法関係立法と、行政関係立法を担当する二つの委員会に分かれたが、オーストリアの一般民法典（ＡＢＧＢ）は前者の委員会によって完成されたものである。

(60) 施行にさいしては、ポーランド語訳、ラテン語訳も用意され、現地に送られたが、法文の表現に疑義が生じたときは、ドイツ語法典が基準となるとされた。なお、都市クラクフでは、当初フランス民訴法が施行され、一八五五年になってはじめてＷＧＯが施行された。クラクフには、一時共和国制が認められるなど、その自治権が尊重されたようである。また、オーストリア一般民法典（ＡＢＧＢ）も一七九七年二月までマルティーニが立法宮廷委員会の委員長であったころ、西ガリチンで草案が法律として施行がこころみられた。

(61) Bukovina 地方は、現在北部はウクライナに、南部はルーマニアに属している。オーストリアが露土戦争に参戦した結果、一七八五年オスマン・トルコから取得した。ウクライナのルーマニア国境近くに都市のチェルノフツィ（Chernovisy. ドイツ語ではチェルノヴィッツ、Chernowitz）があり、一八七四年そこに創設された大学では法社会学者エールリヒが学び、また教授をつとめたことで知られている。

第二部　一八九五年の民訴法

――社会政策と民訴法――

一　一八九五年法に先立つ諸草案・法律

(1)　口頭主義・公開主義の採用

一八九五年に新しい民訴法が成立するまえ、いくつかの民訴法の草案が発表されては、陽の目をみないまま、姿を消していった。草案が陽の目をみるとは、法典化されることであるが、なぜこれらの草案が法典化されなかったのか、以下では、その事情を垣間みることからはじめよう（特別法であるが、法典化されたものも一つある。それについても言及しよう(1)）。

一九世紀にはいって、オーストリア法を含むドイツ法系の民訴法が最大の目標としたのは、口頭主義・公開主義を採用することであった。民事事件において、どのような事実が発生したかを主張し、それを裏づける証拠を申し出ることは、当事者が口頭で行う。この当事者の事実の主張や証拠の申出は、裁判所の法廷において行われるが、その法廷は、当事者はもちろん、一般の人々にも出席が許されなければならない。このような口頭主義・公開主義は、もともとフランス民訴法により採用された。一八〇六年の立法というから、フランス大革命のぼっ発から一七年ほど経過していたが、それでも大革命＝市民革命の産物として、近隣の国々から注目されていた。

口頭主義・公開主義の採用は、学識層における主張にとどまらず、現行法、それも憲法において要請されるようになった。ドイツの各地においてこのことが顕著になったのは、一八四八年のいわゆる三月革命以降であった。

オーストリア（首都ヴィーン）の三月革命は、プロイセン（首都ベルリーン）のそれと並んで、はげしいことで有名であった。当初、皇帝は、革命陣営の勢いを緩めるため、新しい憲法を制定したが、その憲法には、「裁判手続は、口頭・公開でなければならない」という趣旨の規定がおかれていた。しかし、皇帝は、革命陣営の勢いを押えきれず、いったんはヴィーンから逃走したが、のち軍隊の強力な支援をえて、再びヴィーンへ戻ってきた。そして、憲法をつくり直したが、その新しい憲法にも、右の趣旨の規定は残されていた。

オーストリアの憲法は、はげしい変遷をとげた。一八五一年の大みそ日には、従来の憲法を廃止し、国の基本的な諸制度をすべて三月革命前に戻すという、思い切った復古体制をとった。しかし、一八六〇年、六一年の憲法（じつは五つの法令）を通じて、貴族院（Herrenhaus）と、衆議院（Abgeordnetenhaus）の二院制を導入し、また、右の趣旨の規定も復活させた。

⑵　一八六二年の草案

一八六一年になってはじめて、口頭主義・公開主義を採用した民訴法立案への動きがみられた。

司法大臣の命令によって、司法省内に民訴法検討の委員会が設けられ、その検討のたたき台として、「新民訴法の基本原則」（Grundzüge der neuen bürgerlichen Prozessordnung）が作成された。この「基本原則」には、「新民訴法の諸原理の説明」（Darstellung der Grundsätze der neuen Civilprozessordnung）と題する理由書が付されていた。

「基本原則」は、執行関係に関する二項目も含んで、全六四項目という簡潔なものであったが、その第一項目は、「民事事件の審理（弁論。Verhandlung）は、受訴裁判所の期日において、口頭で行う」と定め、つづく第二項目の前段では、「受訴裁判所で開かれる期日は、公開であること」と記載されていた。

この「基本原則」に基づいて、翌一八六二年いちおう民訴法の草案がまとめられ、これがさらに、司法省の立法担当部局の長・リッチィ（Rizy）によって検討が加えられた。そして、①「判決手続（正確には、執行までの民訴法）」と、②「執行手続」の二つの草案の確定をみた。

この二つの草案は、ドイツ連邦におけるモデル民訴法のために作成された。

ドイツには、中世以来諸邦、諸都市による地域連合体として神聖ローマ帝国が存在したが、これが消滅したのち、一八一五年ドイツ連邦（Deutecher Bund）が組織された。このドイツ連邦の加盟諸国に互いに共通した法律を作ろう、そのためのモデル草案を連邦議会において示そうということになり、手形法、商法がすでに作られたが、今度は民訴法の順番となった。

民訴法の手本とされたのは、加盟国の一つハノーファー王国で一八五〇年に作成された民訴法である。この法律が口頭主義・公開主義を採用して評判が高かったので手本に選ばれたのであるが、そうする以上現地のハノーファーに行って連邦草案の審議をするのが何かと便宜であろうということになり、各国に代表をハノーファー市（同王国の首都）に送るよう要請された。オーストリアはリッチィを送り、連邦草案の審議資料として前記の二つの草案も提出した。

(3)　一八六七年の草案

上述のように、ハノーファー市で開催された委員会（各国代表の会）の委員長にはリッチィが選ばれた。これはドイツ連邦においてオーストリアが首座を占めていたことの投影である。委員会の活動は一八六二年九月に開始され、六六年三月に終了した。その活動の成果である草案（開催地の名をとりハノーファー草案とよばれる）は、ドイツ連邦の議会（フランクフルト・アム・マインにあった）に提出されたが、その議会の審議が未了に終わってしまった。ドイツ連邦内の一位、二位の座にあり互いに争っていたオーストリアとプロイセンの間に戦争（普墺戦

争）が起こり、ドイツ連邦が解散したためである。(2)

戦争はあっけなくオーストリアの敗戦に終わり、オーストリアは「ドイツ圏」から追い出されてしまった（「ドイツ圏」はその後、プロイセンを盟主とする北ドイツ連邦となり、そしてこれが一八七一年にドイツ帝国となった）。それだけではない。敗戦をきっかけに、ハープスブルク家の領内で年来反抗的であったハンガリーの貴族とアウスグライヒ（Ausgleich. 日本語訳は、和諧、和議、妥協など）を行い、周辺の地域を含めて「ハンガリー王国」の独立を認めた（一八六七年）。ハープスブルク家の当主は、同王国の国王と、旧来のオーストリア領の皇帝の双方を兼任した（いわゆる同君連合の関係）。ここに旧来のオーストリア領とは、ハープスブルク家の世襲領とチェコ（ベーメンとメーレン）を指している。以下に、たんにオーストリア領というときは、この旧来のオーストリア領を意味している。(3)

一八六二年に作成された「判決手続」と「執行手続」の二つの草案については前にふれたが、この二つの草案はハノーファー草案の審議のために用意されたものである。しかし、そのハノーファー草案が未完に終わると、内国でこの二つに基づいて新しい民訴法案が作成された。新しい草案は、内容的にはハノーファー草案のつよい影響を受けたものであったが、一八六七年帝国議会に提出され、衆議院では可決されて、貴族院へ回付された。しかしその後、衆議院が解散されたので、この草案は審議未了に終った。(4)

(4)　一八七三年の少額事件手続法

一八七一年、司法大臣に、グラーザー*（Glaser）が就任した。ヴィーン大学の教授で、刑事法の大家として知られた人物であるが、民訴法についてもいくつかの論考があった。彼は一八七三年、まず口頭主義、公開主義を採用した刑訴法を実現させたが、つづいて、民事の少額事件手続法の実現に成功した。(5) 金額五〇グルデンを超えない事件は、当事者の弁論を受訴裁判所の期日に、口頭、公開で行うこと（一六条、一七条一項）と定め、当事者の事実主張の真偽は弁論の全趣旨、証拠調べの結果に基づき裁判官の自由な心証によって決すると、自由心証主義の採用（三三条）を宣言していた。しかしそれよりも、この法律の名をドイツ系民訴法史にとどめることになったのは、イギリス法にならい、当事者尋問（Abhörung der Partei）の制度を導入したことであった。「事実主張の真偽が当事者の主張した証拠方法によって明らかにできないときは」、というわゆる補充性を要件としてあるが、当事者を宣誓させた上証人として尋問できる（五三条）としていた。全九〇か条という短い法典ながら、一三か条をこの新制度にあてていたから、いかにこの制度の導入に腐心したかがうかがえる。(6)

(5)　一八七六年の草案

少額事件手続法の立法に成功したのち、グラーザーは、この法律に盛りこまれた諸原則、すなわち口頭主義、公開主義、自由心証主義を通常手続（判決手続）にまで拡大した民訴法の立案を考え、その起草を属僚のハラゾフスキ*（Harrasowsky）に命じた。彼の作成した草案は、そのころ平行して進行していたドイツ帝国民訴法の草案に類似していたとされるが、当事者尋問制度のほかに（四一一条以下）、のちの一八九五年法にも採用され、オーストリア法の一つの特徴とされた第一回期日（Erste Tagsfahrt）の制度も、すでにこの草案において採用されていた。

この草案は、一八七六年に帝国議会へ提出されたが、その審議中グラーザーの所属する内閣が総辞職したので、この草案も審議未了に終ってしまった。なお、一八八一年にこの草案に手を加え、強制執行手続まで盛りこんだ草案が帝国議会に提出されたが、これも審議未了に終わってしまった。

かくて、ハノーファー草案の審議のため一八六二年口頭主義・公開主義を採用した法案が用意されて以来、二〇年間にわたってオーストリアではいくつかの民訴法案が浮かびあがり消えていった。その間オーストリアで実定法として行われつづけたのは、一七八一年の一般裁判所法であり、一七九六年の西ガリチン法であった。書面主義、非公開主義、法定証拠主義に基づく民訴法であった。

このような背景のもとに、フランツ・クラインが現われた。彼は、「蒸気機関車が走り回る時代に、まだ駅馬車を走らせるようなものだ」と、オーストリア民訴法の立法の遅れに毒づいていた。

注

（1） 以下に述べる諸草案・法律について、Dahlmanns（Gerhard），（Hrsg.）Helmut Coing, Handbuch der Quellen und Literatur der neueren europäischen Privatrechtsgeschichte, Bd.3, Teilbd. 5, S. 2709 ff., 2713 ff., 上田理恵子「一八九五年オーストリア民事訴訟法成立の背景——自由主義的訴訟法典編纂の試みと挫折」一橋研究二一巻三号（一九九六年）一五五頁以下。

（2） ハノーファー草案の審議の経過とてんまつ、および、その審議にオーストリア代表として送りこまれ、審議委員会の長までつとめたリッチィについては、拙著・ドイツ一〇六頁以下。

（3） この旧来のオーストリア領を表わすのに、特別の国名はなく、「帝国議会（貴族院と衆議院）において代表される（つまり、代表する議員を送った）諸王国と諸ラント」（Die im Reichsrathe vertretnen Königreich und Länder）という、長ったらしい名でよんでいた。この旧来のオーストリア領の首都ヴィーンと、その東方、いまはハンガリー王国領（現スロヴァキア領）内のブラティスラヴァ（従来はプレスブルク）の間に国境としてライタ（Leitha）川が流れており、オーストリア領をライタ川のこちら側（此岸）（Cisleithanien）、ハンガリー領をあちら側（彼岸）とよんだりしていた。

（4） わが国の明治民訴法の最初の草案は、プロイセン人テヒョー（Hermann Techow）によって起草されたが、彼がその草案を司法大臣山田顕義に献呈したとき、自分は主に一八七七年のドイツ帝国民訴法を参考にしたが、そのほかにも、オーストリアの一八六七年の草案なども参考にしたと述べている。
（5）Gesetz über das Verfahren in geringfügigen Sachen (Bagatellverfahren).
（6）この法律も含んで、当事者尋問制の沿革について、中野貞一郎「当事者尋問の補充性」『民事手続の現在問題』（一九八九年）一八八頁以下。

二　フランツ・クラインの出現

(1)　大学卒業まで——恩師アントン・メンガー——

フランツ・クラインは、一八五四年に、ヴィーンにて生まれた。ヴィーンにおいて勤め、ヴィーンにおいて死去したから、きっすいのヴィーン児である。

父は金銀類の細工師で、後年はドローテウム（Drotheum. 公設質屋。動産の競売所としても有名）の貴金属掛りの主任となった。母は父の後妻であったが、一八六八年の父の死亡後も、クラインと一人の妹を、女手一つで育てあげた。クラインは、ヴィーンのギムナージウムで、三年次のおわりに期末試験の合格を喜びインク壺を黒板に投げたのを咎められて、退学処分。別のギムナージウムに転学、ここでは無事課程をへて、マツーラ（Matura. 大学入学資格試験。ドイツではアビトゥーア〔Abitur〕）に合格した。

一八七二年～七三年の冬学期から、ヴィーン大学の法学部に進学。彼が学生時代に受講した科目の一覧表が今日でも残されている。(7) 有名教授の講義を拾いあげてみると――①一八七四年夏（学期。以下略）「法哲学、ヨーロッパ法史の諸要素」ローレンツ・フォン・シュタイン（Lorenz von Stein. 憲法視察のため渡欧した伊藤博文らに講義をしたことで著名）、②一八七四～七五年冬「経済学」ローレンツ・フォン・シュタイン、③一八七五年夏「財政学」カール・メンガー（Carl Menger. 次述するアントン・メンガーの兄。経済学のオーストリア学派（限界効用学説）の唱導者として著名）、④一八七五～七六年冬「行政学」ローレンツ・フォン・シュタイン、⑤同「オーストリア民訴（週七時間）」アントン・メンガー（Anton Menger）、⑥一八七六年夏「争訟内・外手続（争訟内は民訴、争訟外は非訟。週七時間）」アントン・メンガー、⑦同「民訴のユーブンク（大略してゼミ。週二時間）」アントン・メンガー。

フランツ・クラインは、アントン・メンガーの講義を熱心に受講している。後述するように、大学卒業後の博士号取得のときも、教授資格取得のときも、いずれも指導教授はアントン・メンガーであった。アントン・メンガーはクラインにとって文字どおりの恩師であった。以下に、アントン・メンガーの経歴について少々ふれておこう。

アントン・メンガーは、ガリチンに生まれた（現在のポーランド領南部）。少年のころは、機械工を目ざして実科学校に進んだといわれるが、のちに志を転じてヴィーン大学の法学部にはいった。弁護士になったのち、母校に教授資格請求論文を提出し、私講師となった。専攻は民訴法である。オーストリア法に特有な上訴審における更新権の制限が、オーストリアの古くからの伝統によることを明らかにした論考や、民訴法の体系書（第一巻のみ）を公刊したりした。一八七〇年に教授となった。一歳違いの兄カール（Carl）は、同じヴィーン大学の教授で、経済学の限界効用学説の唱導者と知られるようになった。年齢の接近した兄弟が同じ名門ヴィーン大学の教授であったことは、当時のオーストリアとしては偉観であったろう。アントンは、教授になるとともに、社会主義への志向をはっきりとさせた。それもマルクス＝エンゲルスとちがって、「革命」を視野に入れず、法律の改正などをつみ重ねての移行を主張した。自由主義者からは、「講壇社会主義者」といわれ、エンゲルス（＝カウツキー）からは「法曹社会主義者」とやゆされた。代表的な著作に、『民法と無産（者）階級』(8)がある。無産者擁護の見地から、当時発表されたドイツ民法第一草案を批判したものである。この著作についてわが国に井上登の翻訳があることは、前注において述べたとおりであるが、本稿の主題からはずれるようで恐縮であるが、以下にこの翻訳の出版事情についても少々ふれておきたい。

大正九（一九二〇）年、東京の丸善書店の書棚から、右の著作の原書をひき出した裁判官がいた。東京控訴院部長判事の三渕忠彦である。当時もっとも鮮明にリベラルな言動を示していた裁判官である。彼の気骨をしたって、いく人かの若い裁判官が周りにいた。(9) そのうちの一人、東京地裁の部長判事、井上登に対して、三渕はこの原書を示して翻訳してみないかとすすめた。やがて、三渕の知友、長谷川如是閑（万次郎）の編集する雑誌「我等」に、「二人の裁判官」という匿名の翻訳が掲載されだした。この翻訳が一本になるとき（大正一五（一九二六）年）、井上はジュネーヴで開催される国際労働会議に政府委員の随行として出張していたので、司法界から三井信託の法律顧問に転じていた三渕が代って序文を執筆した。昭和初期社会主義者はもとよりリベラリストに対してすら弾圧の嵐が吹き荒れたが、三渕は民間企業へ転じて（家庭の事情によるという）、いわばこの嵐をまぬがれた形であるが、井上は司法界に残って、着実に大審院判事にまでなった。太平洋戦争後、井上は、最初の最高裁判事の一人となったが、その前に三渕のもとへ出かけて、司法界への復帰をうながしたという。三渕は、初代の最高裁長官に就任した。

(2)　司法省入省まえ

一八七六年夏、フランツ・クラインは、ヴィーン大学での修学をおえ、裁判所の実務研修生となった。二年間の研修をへて、クラインは弁護士試補となった。四年間の試補生活を終えれば、試験を受けて、弁護士となれる。クラインはその試験を受けて、きわめて優秀な成績で合格したのに、独立せず、なお研修していた事務所に勤務をつづけた（その優秀さが事務所内で高く評価されたためという）。

弁護士として勤務している間に、ヴィーン大学に教授資格請求論文を提出した。論文名は、『責（せ）めある当事者の行為』（Die schuldhafte Parteihandlung）という（一八八五年に単行本となる）。ここに「責めある」とは、当事者の訴訟上の行為のうち、①わざと（故意に）真実に反する陳述をした場合、②わざと法律に違反する申立てをした場合、③わざと訴訟の進行を妨げる行為をした場合、の三つの場合を指している。そして、それぞれの場合について、ローマ法や一七、八世紀のオーストリア法において、制度上理論上どのように規制していたかを詳しく紹介する。

ここでは①の不真実な陳述（真実義務違反）をした場合を取り上げると、一七八一年の一般裁判所法（論文執筆時はオーストリアの現行法）、近代ドイツ系民訴法の範型となった一八五〇年のハノーファー法、同法に多くの示唆を与えたという一八一九年のジュネーヴ法などは、真実義務違反に対して、金銭罰や、損害賠償（相手方に対する）を規定しているのに対して、最近の学説は、「国家は、私人間の紛争の成行きに対して関心をもたない。それゆえ、私人間の法的紛争（民事訴訟）において嘘をいうことは許される」（たとえば、アードルフ・ヴァッハ）と論じ、その影響を受けてか、一八七七年のドイツ帝国法も真実義務に関する明文規定をおいていない。

しかし、この最近の学説や立法はまちがっている。国家（ここでは裁判所）は、真実を述べる当事者と嘘をいう当事者を同格に並べることがあってはならない。国家が私人間の紛争の成行きに関心をもたないのは、訴えを提起されるまでで、訴えを提起された以上は、裁判所は技巧を弄し嘘・いつわりをいう当事者にごまかされてはならない。このような事態を防止するために、裁判所は、当事者の思惑に反してでも、釈明権を行使し、場合によっては職権による証拠調べまで行っても、真実の探求につとめるべきである。――以上、ヴァッハや一八七七年のドイツ法の民訴法リベラリズムに対する真っ向からの挑戦である。

教授資格を請求するためには、論文を提出するほかに、資格審査をする教授会メンバーの前で、論文とはまた別のテーマで口頭報告をしなければならない。クラインの口頭報告の原稿が、遺稿集に残されている(10)。

彼は、当時絶対的権威を誇った――と思われる――サヴィニーの立法理論を取り上げる。民族にみられる習俗、それに対する民族の確信、にはじまるサヴィニーの著名な立法理論を、ここで再掲することは避けておきたい（クラインも、それほど立ち入って述べているわけではない）。

サヴィニーは、立法のさいには従来の法にみられた法制度をできるだけ維持すべきで、その意味で立法には継続性がなければならないといっている。しかし、クラインは、このことは民法にはあてはまるかも知れないが、民訴法ではしばしば旧法にみられない新制度が採用され、そのために新しい立法が行われることがあるという。訴訟当事者、あるいはその代理人（弁護士）は、従来の制度の抜け穴さがしに熱心で、この抜け穴をみつけては訴訟の引延しをはかったり、誤った判決（不当判決）を導こうとする。立法者は、この当事者・代理人の抜け穴さがしを押え込み、訴訟の進行・判決の内容を正常なものに戻すため、従来の制度を新しい制度に取り換え、そのために新しい立法が行われる。すなわち、民訴法では、従来の立法と新立法の間に継続性はなく、むしろ断裂性がみられるのが普通であると説く。そして、一七八一年と、九三年の職権探知主義を採用したプロイセンの立法をはじめ、そのいくつかの例をあげる。

民訴の立法史の観点からすると、このクラインの指摘は正鵠を射ているであろう。しかし、なにぶんにも議論が、はげしすぎる。訴訟当事者・その代理人のあり方を制度の抜け穴さがしと決めて、それに対する抑止法として、民訴の立法の必要を説いている。民訴にも性善説、性悪説という言い方が許されるなら、訴訟当事者・その代理人（弁護士）＝性悪説の立場に立っている。個人の尊重が影をひそめ、公共の利益が表面化してくる時代、恩師アントン・メンガーが自由主義を否定して、社会主義への移行を説く学者、そしてクラインの当時の若さを考慮しても、そのはげしさは（先の提出論文も合わせて）いささか閉口すら覚える。ヴィーン大学の教授会は、この口頭報告を聴き、論文の審査主任アントン・メンガーの意見を容れて、クラインに「オーストリア民訴法」の教授資格を認めた。クラインは同大学において私講師となった。

一八九一年、クラインは「物の占有と取得時効」（Sachbesitz und Ersitz）を書いて、ヴィーン大学に教授資格を請求した。これも認められて、クラインは「ローマ法」の教授資格もえた。二つの教授資格はもったものの、他大学のどこからも員外教授、正教授の声はかからない。他方弁護士としての仕事は忙しく、これで生計を立てているが、それでは研究の時間がない。恩師アントン・メンガーが世話を焼いて、ヴィーン大学の事務局の「長」（Direktor）の地位を与えた。「長」とはいうものの、どこの長かわからないが、法務部長、法律顧問に相当する事務官としてはかなり高位の地位に就いたらしい。

(3)　論文「未来」と司法省入り

一八九〇年から九一年にかけて、クラインは、法律週刊誌に「未来（のために）」という論文を前後一九回にわたって分載した。分載の終了後一本にまとめられた(11)。クラインの司法省入りのきっかけとなる、その意味では、彼の出世作として有名である。その主な内容は、以下のとおり。

序章（第一章）では、オーストリアにおいて民訴の改正案が浮かんでは消えていくのは、法有識者が改正案の発表までは沈黙を守り、改正案が発表されるとそこでの問題群はすでに十分考究していた、といわんばかりに意見を述べ、ときには改正案に反対する（そのあおりで、議会の審議までちえんする）ためである。そうであるなら、なぜその考究したときに意見を発表しておかないのか、あらかじめ発表しておけば、改正案の起草のさいにもしん酌されて改正案発表後の論点をすこしでも少なくすることができたであろうに。自分が未来のオーストリア法改正のために意見の述べるのも以上の理由による。

第二章から第七章まで、個々の問題が論じられているが、ここではそのうちの主なものを取りあげておこう。第二章「事実認定における裁判官の協働」（Die richterliche Mitwirkung bei Sachverhaltsfeststellung）では、弁論主義を取り上げ、批判の対象にしている。民訴における裁判対象は、当事者間の私法関係であるが、この私法関係はもともと当事者の自由な処分が認められているので、それが裁判対象になったときにも、裁判の資料の収集は当事者の自由にゆだねられている。この自由が認められているために、当事者は意のままに裁判官を操縦して、不当判決（まちがった判決）をさせる自由をもつ（当事者の不当判決を誘発する権能）。このような自由は、民訴が国家の設営にかかることを考えるとき、とうてい許されるものではない。国家は、社会のひとびとが——貧しい者も、富める者も——裁判所にさえ行けば、正当な判決をしてもらえると信じているのを、保障する責務を負う。そのために、民訴という制度を設けている。換言すれば、国家は、社会のひとびとを救済する政策（社会政策。Sozialpolitik）の一環として、民訴制度を設けているのである。このような社会政策をになう以上、裁判官は事実認定にさいしても当事者の行動を眺めるだけではなく、みずからも積極的に活動しなければならない。このようにいうことは、裁判官に当事者の意思を無視して活動せよというのではない。裁判官は当事者の本案の申立ての枠内で活動すべきだし、また当事者の裁判上の自白を尊重しなければならない。裁判官の活動としてさしあたり考えられるのは、次の三つである。①弁護士が選任されているときでも、当事者を呼び出して、事件について聴取すること、②職権により、検証を命じ、鑑定を行わせること、③それでも、なお心証がえられないときは、職権により他の証拠方法（証人、書証、当事者本人）を取り調べること。

第三章は「訴訟当事者間の相互援助」（Die gegenseitige Unterstützung der Proceßparteien）。訴訟を争う者同士が、たがいに相手を助け合うというのは、中世の騎士道顔負けの発想である。しかし、近時の文明諸国は、たとえばイギリスでは、開示（ディスカヴァリー）が認められているし、フランスでは、当事者双方に相手方に釈明を求める権利（求問権）が認められている。オーストリアでも、一八七三年の少額事件手続法で、この当事者双方の求問権が認められているし、相手方の所持する文書の提出命令、検証のさいの相手方の検証物提出義務などが認められている。これらを、一般の手続（通常手続）にまでひろげて認めるべきである。問題は、当事者の一方が相手方を援助する責務を怠った場合であるが、イギリス法のように法廷侮辱罪を認めることは、オーストリアの現況では厳格にすぎるので、相手方に釈明を求められたのに応じないときは、裁判上の自白を認める程度にとどめるべきであろう。

第四章は「裁判所拒絶（法廷回避）の抗弁」（Die gerichtsablenenden Einreden）。現代の訴訟要件の前身となるものだが（この論文執筆時にはもう、訴訟要件なる語は提唱されていたが）、裁判所は、この種の抗弁が提出されると、いったんは本案の弁論を停止する。そして、この種の抗弁の不成立を確かめてから（この種の抗弁の成立が明らかになると、訴えを却下する）、本案の弁論を再開する。それゆえ、この種の抗弁をひろく認めることは、訴訟遅延をひろく認めることになるから、立法政策上注意を要する。また、審理の仕方として、①弁論を分離して、いったんはこの種の抗弁の成否に審理を集中するか、②抗弁の弁論と本案の弁論を平行して行い、本案の弁論を終結する直前に抗弁の弁論の結着をつけるか、そのいずれかを事態に応じて裁判官が裁量で決定すべきである。

第五章は「訴訟促進のための諸手段」（Die Mittel der Prceßbeschleunigung）。すでに述べたように、一八六二年以来オーストリアでは民訴法の草案が浮んでは消えていったが、それらにいずれも共通していたのは口頭主義を採用することだった。クラインも、口頭主義に賛成した。しかし、口頭主義には当事者の攻撃防御に順序をつけられず、混乱して訴訟を遅延させる恐れがある。そこで、フランスでは実務上、裁判官に時機に後れた攻撃防御方法を却下する権能を認めたが、ドイツの帝国法は、これは裁判官の権能を強化しすぎる嫌いがあるとして、被告の後れた防御方法を却下する権能だけを認めた。しかし、これはいくらなんでも片手落ちの批判をまぬがれない。クラインも、フランス法と同様の措置（当事者双方の後れた方法の却下）を法文上明記すべきであると主張した。期日の変更に対しても、きびしい態度をとることが主張された。当事者一方の申立てによる変更は、やむをえない事情があるときに限り許されるとされた。双方の合意に基づく変更は、第一回目の申立てこそ、自由に許されたが、第二回目の申立てになると、期日そのものは変更されたが、その審理は同時期に係属している事件の最後に回す、という提案がなされた。具体的にどのような手続がとられるのか、イメージがよくわからなかった。

第六章は「単独裁判官の手続における口頭主義」（Die Mündlichkeit im Verfahren von Einzelrichtern）。単独裁判官の手続とは、最下級審である区裁判所の手続をさす。区裁判所の手続でも、口頭主義を採用すると、当事者の口頭による弁論をどう記録するかが問題となる。この手続では、弁護士の選任を強制できないので、弁護士の作成する準備書面を利用するという手も使えないし、もともと（この論文が執筆されたころの）書面主義のもとでは書記官を多く必要としないので（書面は当事者が作成する）、急に書記官を増員させて弁論期日に立ち会わせ筆記させるというのも無理がある。そこで、クラインの主張したのは、期日の終わるごとに、当事者にその期日においてどのような攻撃防御をしたか書面に記載させ、それと裁判官が期日中に作成したメモをつき合わせて、裁判官が記録（調書）を書くという方法である。この裁判官が記録（調書）を作成するという方法は、後年の一八九五年法で大きくクローズアップされてくる。

第七章は「治安裁判所」（Die Friedensgerichte）。フランスには、治安裁判所（justice de paix）とよばれる制度があり、素人を裁判官に起用して、訴訟当事者に和解をすすめたり、少額事件について裁判することを認めている。オーストリアにも、これと同様の制度を認めては、という意見があった。クラインは、素人に和解をすすめさせることは認めたが、素人に裁判させることには反対した。少額事件にも難解な事件があり、法律知識のない素人には無理なことだとしていた。ちなみに、クラインは、修習時代に裁判所の実務は見聞しても、弁護士業務に終始し、裁判官としての経験は皆無だった。

二　フランツ・クラインの出現

このクラインの「未来（のために）」に注目して、彼を司法省に採用してはどうか、と司法大臣にすいせんする者がいた。ときの財務大臣、シュタインバハ*（Steinbach）である。

彼はもと、司法省にいて、立法部局（自省や他省の要請に応じて法令を立案する部局）の長として、一八八〇年代のオーストリアの多くの社会政策立法に関与した。残る大きな仕事は民訴法の立法であったが、彼はこの宿望を果たせないまま、その才能を見込まれて、財務大臣に就任した（一八九一年）。彼は自己の後任として、同じ社会政策重視派であり、民訴法の造詣も深く、ヴィーン大学の私講師という――オーストリアの官庁にとっては毛並の良い――ポストにいるクラインを起用してはどうか、と今は同僚である司法大臣に献言した。司法大臣シェーンボルン（Friedrich Graf von Schönborn. 一八四一～一九〇七年）は、民訴法には通じていなかったが、現われては消える民訴法立法が政治問題化していることは承知していたし、なによりも以前の部下を十分信頼していた。彼はさっそくクラインに会い、途中入省者としては破格の地位を申し出るとともに、民訴法の立案に専心してくれたらよい、他のことはなにもしなくてよい、と勧誘した。大学教授職に未練を残すクラインは迷いに迷ったらしい。しかし、ついには大臣の提案をいれた(12)。

注

（7）Sprung, Der Lebensweg Franz Kleins, Anhang II（シュプルンク「フランツ・クラインの人生・付録II」）。シュプルンク*（Sprung）は、一度ならずクラインの業績を取り上げドイツへ紹介するなど、よく知られたクライン研究者であるが、この稿は他の二人の協力を得たとはいえ詳密きわまりないクラインの伝記である。論稿の末尾に付録（Anhang）として貴重な資料、写真が収められている。なお、この稿は、クラインの没後六〇年記念に刊行された論文集（(Hrsg.) Herbert Hofmeister, Forschungsband Franz Klein: Leben und Wirken. 1988）に収載されている。

（8）Das bürgerliche Recht und die besitzlosen Volksklasse. 1890. わが国に、井上登の翻訳『民法と無産階級』（大正一五（一九二六）年）がある。題名のあとの訳語は無産階級か、無産者階級か。井上じしんは、翻訳のなかで両者を使っており、あまりとん着していないようである。なお、メンガーの理論は、エンゲルスらマルキストにより「法曹社会主義」と命名されたが、この法曹社会主義を紹介するものとして、いまはもう古典となったが、松尾敬一「法曹社会主義」法哲学講座第四巻（昭和三二年）がある。

（9）前掲井上登の訳書の末尾に、上田操訳のアントン・メンガー「法学の社会的使命」（Über die soziale Aufgaben der Rechtswissenschaft）が載せられている（当初は法学論叢六巻五号（大正一〇〔一九二一〕）に掲載）。一八九四年メンガーがヴィーン大学の総長に就任したときの記念講演の原稿である。訳者の上田は、学習院から京都帝大法科まで、近衛文麿と同期の友人であったが、裁判官の道を歩み、昭和二一（一九四六）年大審院部長判事を最後に退官している。三渕をしたったグループの一人だった。野村正男『法窓風雲録下』（昭和四一年）一〇頁以下。

（10）ここに「遺稿集」とは、正確には、Franz Klein, Reden,Vorträge, Aufsätze, Briefe, Bde.2（「フランツ・クライン　演説、講演、短稿、書簡集」全二巻）。クラインの死去の翌年（一九二七年）、かねてよりの遺言に従い、親交のあったフリートレンダー夫妻（Friedländer. この夫妻については、後注

（57）参照）が出版したものである（書簡は夫妻あてのもの）。

（11） Pro futuro. Betrachtungen über Probleme der Civilprozessreform in Oesterrich. 1891.
和訳として、松村和徳、その（一）山形大学法政論叢創刊号（一九九四。松田隆治と共訳）、その（二）同二号—未完。

（12）一八九一年二月一七日のことである。
その直前に、つぎのような出来ごとがあった。一八九〇年一二月一五日アントン・メンガーはヴィーン大学の教授会あて、クラインを有給の員外（＝準）教授（besoldeter ausserordentlicher Universitätsprofessor）にするよう提案し、教授会はこれを九一年二月七日に可決し、教育文化省に申達した。しかし、その後クラインが司法省入りを決意しその手続が進んだので、この申達は無意味となった。クラインには、たんなる（無給の）員外教授の称号だけが与えられることになった。右の教授会で可決された前日、クラインが後掲するフリートレンダー夫人に送った手紙によると、「悩んだ末、今の今（司法省入りを）決意した」とある。クラインはメンガーの提案、教授会での手続の進行を知らずして、入省の意向を司法省に伝えたようである。

三　一八九五年法の審議

(1) 「社会政策」の時代

クラインは一八九一年、民訴は社会政策の一環であると説いて、司法省に採用された。その前の一八七〇年代の後半から、ドイツ、オーストリアは、「社会政策」の時代にはいっていた。一八七八年、ドイツ・プロイセンの宰相、ビスマルクは、世に「社会主義者（鎮圧）法」とよばれる法律を制定した。共産主義、社会主義、社民主義を問わず、「国家、社会の秩序の転覆を目的とする団体の存在を許さず」とする内容であった。しかし他方で、同じ年に、工場監督員制度の創設を皮切りに、少年・婦人の労働保護、廃疾・養老保険制度など、世界で最も完備したといわれる社会政策（保障）制度を積み上げていった。いわゆるビスマルクの「鞭とアメの政策」である。この政策を後押ししたのは、「社会政策」学会であった。資本主義の進展にともない、階級対立が激化し、社会革命の発生が恐れられた。一八七〇年から七一年の対フランス戦争（普仏戦争）では勝利したが、戦争末期のパリ・コミューンに結集した市民・労働者・学生のはげしい抵抗に、ドイツの既成勢力はふるえあがった。今まで放任してきた労使関係に国家が介入し、労働者（社会的弱者）保護の政策を積極的に展開して、社会革命の発生を防止すべきであると一部の経済学者が主張し、その集会に資本家・政治家・新聞記者までが参加してきた（一八七二年より。社会政策学会の名称は翌年より）。

オーストリアでも、一八八三年の工場監督員制度を皮切りに、八五年の労働時間法、八七年の労働者災害疾病保険法など、一連の社会政策（労働者保護）立法を行った。これらの立法に、当時司法省の立法担当部局にいた（その後財務大臣となったが）シュタインバハが、数多く関与したことも前に述べたところである。

(2)　帝国議会への提出

一八九三年三月一五日、衆議院に対して、次の三つの法案が政府から提出された。

①　民事裁判管轄法（Jurisdictionsnorm と略称された。正確には、「民事についての通常裁判所の裁判権の行使および管轄に関する法律」）[13]。②　民訴法（Civilprocessordnung. 正確には、「民事紛争の裁判手続に関する法律」）[14]。③　執行法（Executionsordnung. 正確には、「執行手続・保全手続に関する法律」）[15]。条文数は、①が一二二か条、②が六三九か条、③が四〇二か条で、総計一一六三か条。この三つの法案に、それぞれ施行法案がつけられて、計六つの法案。この六つの法案に、またそれぞれ政府の提案理由書が付されていた。

そして、これらがすべて、フランツ・クラインひとりの、アイデアになり、筆になっている。このことは、周辺の関係者の証言が一致しているし、またクライン自身も認めるところである。クラインがこれらを起草したのち、司法省の幹部たちによって検討の小委員会がもたれた。委員長は、司法大臣のシェーンボルン、委員は財務大臣のシュタインバハ（なんと！）、ヴィーンの高等裁判所長官のコリンスキー*（Cholinsky）(16)、当時の立法担当部局の長、それにクラインであった。ここでの修正はごく僅かな部分にとどまった。その後、慣例に従い、他の省庁に法案、理由書を回して意見を尋ねたが、ここでも修正らしい修正はなかった。

右に述べた司法省内の小委員会が開催されたのは、一八九三年の二月中であったという。委員長や委員たちが法案、理由書を読みとおす時間を考えると、クラインの原案は遅くとも二月中旬にはできあがっていたであろう。クラインが司法省に入省したのは、一八九一年二月一七日であった。いくら民訴法関係の立法に専念するだけでよい、ほかの事務はまったくしないでよいといわれたといえ、僅か二年間でこれだけの仕事をしてしまう、おどろくべきクラインの才能であった。

(3)　帝国議会での審議

衆議院は、法案の提出を受けたのち、それらの法案を審議するため、特別の常置委員会（休会中でも審議をつづける委員会）を設置した。民訴法改正のための常置委員会（Permanenzausschuss für die Reform des Civilprocesses）とよばれた。

この常置委員会の報告担当者（Berichterstatter）には、ベールンライター*（Baernreither）が選ばれた。政府委員と連絡をとり、委員会の議論をリードし、また委員会から本会議へ提出する報告書を執筆する役割である。彼は、法案のうち前掲した①、②を担当し、③は、別の議員が担当した。

ベールンライターは、富商であった父が手に入れた西ベーメン（現在のチェコ）の広大な荘園に住み、帝国議会の議員として活動したが、もとは裁判官であった。その経歴のうちには司法本省に直属して、一八七六年の民訴法案が議会の審議でつまづいた苦い経験をもつ。同省の立法担当部局に長い間いたシュタインバハと親交があったし、また社会政策（貧者保護）を推進する著作者としても名を知られていた。

そんな関係で、ベールンライターは、クラインの法案の熱烈な同調者であった。彼は法案の提出された一八九三年の夏には、レオンハルトを自分の宏壮な西ベーメンの館によんで、連日民訴法案とその審議方法について議論を重ね、散歩や食事の折にもその議論はつづいたという。民訴法案のいろいろな内容について論議を交わしただけでなく、次に述べる「審議法案」についてもあれこれ論議を交わしたものと思われる。

衆議院の常置委員会は、一八九四年一〇月、同院の本会議あてに、法案①、②の報告書を提出すると同時に、その報告書の執筆者ベールンライターから、次のような法案を提案した。その法案は、「審議法案」とよばれるが〔審議法〔Beratungsgesetz〕あるいは提案者の名をとり、ベールンライター法〔Lex Baernreither〕ともよばれた。正確には、「新民訴法の導入を目的とする諸法案の審議および採決に関する法律」。ここに「新民訴法の導入を目的とする諸法案」とは、①から③の法案と、その各施行法案をさす〕、この法案の大要は以下のようなものである。

(a)衆議院は、その常置委員会からの報告を受けたときは、右の諸法案の審議・採決を行わず、直ちに貴族院へ諸法案を回付する。

(b)貴族院は、衆議院と同様に民訴改正のための常置委員会〔Permanenzkommission für die Reform des Civilprocesses〕を設置する。

(c)この委員会と、衆議院の常置委員会の意見を調整するため、合同の委員会を設ける。

(d)委員でない議員は、右の諸法案の修正を要望するときには、常置委員会もしくは合同委員会あてに、書面にしてその要望を提出する。この書面には、所定の数の議員の連署を必要とする。

(e)合同委員会の意見の内容は、各常置委員会の報告担当者が、所属する議院に報告する。

(f)両議院は、右の諸法案の個別の審議は行わず、諸法案を一括して、可決するか、否決するかの、採決のみを行う。

議院の審議権を大はばに制限するものだけに、法案には衆議院でいくつかの反対意見が出たが、多数決で可決され、貴族院の賛成、皇帝の裁可を経て、一八九四年一二月一五日に施行された。[17] 右の(b)により貴族院でも常置委員会が設置され、その報告担当者にはコリンスキー（注(16)）が選ばれた。

後年の資料には、ベールンライター執筆の衆議院常置委員会の報告と、右の(c)にいう合同委員会の報告の二つが残されている。前者の報告には、「オーストリアの民訴の改革は、一歩前進どころか、二歩前進しなければならない」と、書かれている。これは、次のような事情をさしている。このころのオーストリアの現行法は、一七八一年の一般裁判所法、一七九六年の西ガリチン法であった。これらの法律は、書面主義、非公開主義、法定証拠主義に基づいていた（大過去＝過去分詞形で書かれている）。しかし、その後、一九世紀の半ば、これらの諸主義は口頭主義、公開主義、自由心証主義にとって代わられ、オーストリアも、口頭主義以下に基づくいくつかの草案を公表した（過去＝単純過去形で書かれている）。だが、その口頭主義以下も大修正を要求される新しい時代にはいった。最近とみに力をつけてきた階級の人びとは、自分たちさえ裁判所に行けば、裁判所は自分たちにも理解できる形で権利保護を与えてくれると信じている。裁判所はこの階級の人びとの信頼にこたえるべきである。弁論主義は、経済上の自由主義を民訴に投影したものといわれている。この自由主義に制約が課せられるように、弁論主義にも制約を課さなければならない。裁判所は弁論主義と職権探知主義の区切りを、もう一度考え直すべきである、と、以上の議論は、衆議院の常設委員会でも民訴＝社会政策論が法案賛成の主たる原動力であったことを示す。まるでクラインの「未来（のために）」を読んでいるような感じがする。

ところが、これに対して、クライン執筆の提案理由書は（民訴法のそれに目を通しただけだが）、筆調をまったく異にしている。民訴法の立法のよし悪しは、国民経済的（volkswirtschaftlich）見地と、社会政策的（gesellschaftspolitisch）見地の二つから決せられる、と一応は書かれているが、「これは当然のことである」と、それ以上突っこんで書かれていない。それに代えて、立法の根拠としていたるところで書かれているのは、合目的的性（Zweckmässigkeit）と実用性（Praktikabilität）であり、「簡明さ、迅速、わかりやすさ」という標語である。これらは、いつ、どこの民訴立法でも、好んで用いられる表現であり、なんの実質もなく迫力もない。帝国議会の議員は、ベールンライターのような議員ばかりでなく、社会政策に反対で、自由主義を堅持する議員もいる。クラインは政治的な配慮をしたのではないだろうか。

民事裁判管轄法と民訴法（および、それぞれの施行法）の各法案は、一八九五年七月一八日衆議院で可決され、これより先同六月一四日には貴族院で可決され、同八月一日皇帝の裁可をえて公布された。執行法の審議・裁決はおくれて、一八九六年五月二七日に皇帝の裁可をえた。しかし三法の施行は、同日の一八九八年一月一日からであった。

注

(13) Gesetz über die Ausübung der Gerichtsbarkeit und die Zuständigkeit der ordentlichen Gerichte in bürgerlichen Rechtssachen.
(14) Gesetz über das gerichtliche Verfahren in bügerlichen Rechtsstreitigkeiten.
(15) Gesetz über das Executions=und Sicherungsverfahren.
(16) コリンスキーは当初、クラインの説に反対であったが、数日間二人で議論した結果、クラインに説得されて、以後彼の説の信奉者となった。のちに法案が貴族院に回付された折り、同院に法案審議のための特別委員会が設置されたが、議員でもあるコリンスキーは選ばれてこの委員会の報告委員となり、法案の成立に尽力した。
(17) ベールンライター法（審議法）案について衆議院の一般討議が行われたさい、クラインは政府を代表して賛成演説を行った。その演説（速記録は、遺稿集Ⅰ五九頁以下に収載）は、華麗な表現の中に比喩をまじえた、まことに血わき肉おどる態の名調子であった。帝国議会の議員たちは、自国の立法担当官僚（法制官僚）が文章の才のみならず、弁説の才にも恵まれていることを知って、感にたえながら、聴きいったことであろう。

四　一八九五年法の主な特色

以下に、一八九五年法（民訴法）の主な特色を列記してみよう（もっとも、もうら的でないことを許されたい[18]）。

(1)　受給権

クラインは、貧者権（Armenrecht[19]、受給権）という古い言い方を使って、訴訟上の救助（のち、手続上の救助〔Prozess（Verfahrens）hilfe〕）を認めた。一八七七年のドイツ帝国法も、同じ古い言い方を使っていたが、同法は、この権利を認める要件として（以下、同法に忠実に従ったわが国の明治民訴法の表現をそのまま流用すると）、「何人ヲ問ハズ自己及ビ其家族ノ必要ナル生活ヲ害スルニ非（あら）ザレバ訴訟費用ヲ出（い）ダスコト能ハザル者ハ訴訟上ノ救助ヲ求ムルコトヲ得」と定める一方で、「但（ただし）其目的トスル権利ノ伸張又ハ防御ノ軽忽（けいこつ）ナラズ又ハ見込ナキニ非ズト見ユルトキニ限ル」という要件を課していた（濁点等は、鈴木記）。しかしクラインは、このドイツ法の要件は、裁判官の裁定にゆだね過ぎると批判し、この要件を削除した原案を提出した（すでに、恩師のアントン・メンガーが同様の批判を展開していた）。議会もこの原案に賛成した。オーストリア法の民訴＝社会政策観を端的に示す法文であった。だが、そのオーストリア法も、財政の悪化に耐えかねて、一九三三年の第八次裁判所負担軽減法というのによってこの法文を改正し、右のドイツ法の要件を導入した。

(2)　準備手続

準備手続そのものは、一八五〇年のハノーファー王国法以来認められてきたが、この名称でよばれたのは、ドイツ帝国法の直前の前身、北ドイツ（連邦）草案からであった。その北ドイツ草案も、ドイツ帝国法も、計算の当否や、財産の分与などを例にあげて、この手続の適用範囲をさほど広く認めない態度をとっていた。クラインの草案は、この手続の適用範囲をもっとひろげようとした。①当事者間にこの手続を認める合意があるとき、②合意が成立しなくても、当事者一方の申立て、または職権によって、次の場合には手続が開かれるべきである（ist zu）。(a)計算の当否、財産分与の事件など、(b)準備書面（訴状を含む）の事実関係の記載からみて、弁論の複雑化、遅延が見込まれるとき、(c)証拠方法の性質からして、法廷内の取調べが困難で、出張尋問を必要とするときなど。なお、準備手続は、受訴裁判所の構成員から指名された一人の裁判官（受命裁判官）が担当した。

議会は、このクラインの準備手続拡張論に難色を示した。もともと受訴裁判所の全員が事件の審理の裁判にあたるのが、原則（直接主義）なのに、それに大きな例外を認めるのだから、①当事者間の合意により認めるなど、とんでもない。②当事者一方の申立て、または職権による場合も、手続を開くかどうかは、必要的ではなく、裁判所の裁量にまかせる（kann）べきだ、と。

実務も、この制度を多用しなかった。担当の裁判官はだいたい受訴裁判所の構成員中の若手が選ばれたが、複雑な事件を整理し切る経験に乏しく（それにつきあう当事者、代理人の負担も大変）、構成員全員が最初から事件を処理したほうが手っとり早い、というのが実務の裁判官の感覚だった。それに、この制度は、地裁（区裁事件以外の第一審事件を取り扱う）が合議体（三人制）のときは、それなりに合議体の負担の軽減という効用があったが、単独制（一人制）になるとまったく意味を失う。オーストリアでは、一九一四年の第一次裁判所負担軽減法以来単独制が導入され、次第にその範囲がひろがっていったが、準備手続も、一九八三年にはその姿を消した。

わが国の大正改正法の成立過程で、オーストリア法の準備手続が注目され、同法よりさらに踏み込んで民訴事件一般に準備手続が適用されることになった。最初は手続の開始を裁判所の裁量にゆだねていたが、のちにこれを必要的とするにいたった。地裁に単独制が導入されてからも、なおこの制度を維持していたが、やがて実務で「弁論兼和解」制度が考案され、それが平成民訴法（一九九六年）の「争点整理手続」につながっていったことは、よく知られた立法経過である。

(3)　第一回期日（Erste Tagsatzung）

原告の提出した訴状が被告へ送達されたのち、第一回期日が開かれる。第一回期日といっても、そのような名の特別の制度であって、あとに第二回期日、第三回期日……と順につづくわけではない。大ざっぱにいうと、事件のうち当事者間に争いがある事件と、ない事件とを、選別する手続である。争いのある事件と判定されると、被告に答弁書の提出が促され、この答弁書の提出をまってはじめて、争訟的口頭弁論（mündliche Streitverhandlung）の期日が指定される。これは、ドイツやわが国ではたんに口頭弁論とよんでいるものであって、期日の数も、第一回のあとに第二回、第三回と順につづく。合議体裁判所の負担の軽減もねらったもので、合議体の裁判長か、もしくは合議体の構成員の一人で指名された者（受命裁判官）が手続を担当する。

この第一回期日は、クラインがはじめて考案したものではない。先行する諸草案のうち、一八七六年の草案がこの制度の萌芽を示していたことは前述した。ただ、クラインがこの制度の内容を明らかにし、また適用範囲を拡大したので、クラインの独創にかかるものと受け取られている。外国での評判も高く、このころのドイツの代表的民訴法学者ヴァッハ（ワッハ）は、後述するように、クラインの作品である一八九五年法を口をきわめて非難するが、この制度だけはドイツでも真似をしたいといっていた。(20)

その「第一回期日」では、当事者双方を呼び出し、和解をこころみ、訴訟要件の存否の主張・その審理、放棄・認諾・欠席判決の言い渡し、などの処理を行うべきだとされていた。しかし、この「第一回期日」は、現在のオーストリアでは、もはや法上存在しない。呼び名も、「準備期日（Vorbereitende Tagsatzung）」と改められ、期日で処理すべき事項も、右の「第一回期日」以来の伝統を継ぐとともに、（事情によって）本案の弁論、証拠決定、証拠調べまで行う、つまり「第一回期日」変じて、「真正争訟的口頭弁論」の一部と化したのである。ただ、その名称を、「準備期日」というにすぎない。クラインの執筆した一八九五年法の主な特色の一つが、ここでも姿を消した。(21)

(4)　当事者一方の欠席

当事者の一方が、期日に欠席した場合、裁判所はどのような措置をとるべきか。この点について、オーストリア法は大きな変遷をかさねた。

一八九五年法の政府原案は、次の三つの場合を区別していた。

(ア)　当事者が「第一回期日」に欠席した場合　欠席した当事者が、原告か、被告かで裁判所の措置は異なっていた。

(a)　被告が欠席した場合　原告が訴状において記載した事実は、同時に提出された証拠方法（書証など）と矛盾しないかぎり、真実とみなして、原告の申立てに基づき請求認容判決を言い渡す。これは、現行法（一般裁判所法など）の立場をそのまま受け継いだものである。議会の審議でも、別段の異論はなかった。

(b)　原告が欠席した場合　原告はその訴えを取り下げたものとみなされた。この点も、現行法の立場を承継したものである（というよりも、このように訴えの取下げを擬制するのが、このころのドイツ法系の一般的傾向であった）。しかし、この(b)の点について、議会で異論が出た。原告と被告の間で、バランスがとれない、不公平な取扱いだというのである。(b)の場合、欠席した原告は、訴えの取下げを擬制されるから、その訴訟の訴訟費用を負担しなければならない。だが彼の負う負担はこれだけで、この負担さえ覚悟したら、もう一度訴えを起こすことができる。訴えの取下げには、再訴を禁止する効果が認められていないからである。これに対して、被告が欠席した場合(a)の場合）、前述したように、請求認容判決が言い渡される。彼がこの判決を払いのけて、手続の状態を元に戻すには、「原状回復の申立て」をしなければならないが、後にも述べるように、この申立てには、「欠席はやむを得ない（不可避の）事情によって行われた」ということを立証しなければならない。この立証は大変にむずかしい。そうすると、同じ欠席でありながら、原告、被告間に大きな違いが生じる、不公平であるというのである。そこで、欠席したのが原告か被告かを問わず、出席した当事者の主張事実を真実とみなして、その当事者の申立てに基づいて判決をする、というように原案は改められた。

(イ)　被告が答弁書を提出しなかった場合　「第一回期日」において被告の答弁書提出期間が定められ、被告にその提出が促されるが、被告が期間内に提出しなかった場合、どうなるか。「第一回期日」に被告が欠席した場合と同様に、原告の主張事実を真実とみなして、彼からの申立てに基づき、その勝訴の判決を言い渡す。

(ウ)　「争訟的口頭弁論期日」に欠席した場合　出席・欠席当事者の区別を問わず、それまでに当事者双方の提出した証拠方法を取り調べ、双方の主張事実の真偽を確かめたうえで、判決を言い渡す。

以上の(ア)から(ウ)の判決は、法律上一律に「欠席判決」とよばれていた。しかし、(ア)、(イ)の判決は、証拠方法の取調べなど行わず、当事者の一方が欠席すれば直ちに相手方の有利に行われたから、「欠席判決」の名に価するが、(ウ)の判決は、証拠方法を取り調べて、事実主張の真偽を確かめたうえで判決を言い渡す、という意味で欠席判決というよりも、事件に対する判決

（本案判決）の範疇に属する。法文上用語法に理論的な疑問を残していた。が今ではこの用語法も姿を消し、(ウ)の判決はそもそも欠席判決の範疇から除かれている。

その欠席判決に対して、判決を受けた者にどのような救済方法が認められるか。前に述べた「原状回復の申立て」である。欠席が「やむを得ない（不可避の）事情に基づくこと」を立証しなければならないから、申立人にとっては必ずしもたやすい救済方法ではない。しかし、これが、普通法を含めてドイツ法で広く認められていた救済方法であった。これに反して、一八七七年のドイツ帝国法は、隣国フランス法の影響を受けて、故障（とわが国の明治民訴法は訳していたが、Einspruch）を申し立てる方法を認めた。故障と一言申し立てれば、欠席判決のない元の状態へ戻る（原状へ回復する）という方法であった。欠席の原因がどのような事情によるのか、いちいち立証する必要はない。オーストリア法とドイツ法の大きな相違点となっていたが、一九七九年消費者保護法の導入を契機に、オーストリア法にも故障に相当する異議（Widerspruch）の申立ての制度が認められ、その後、被告が欠席判決を受けた場合にかぎってこの制度が認められている。

(5)　真実義務

クラインがその教授資格請求論文「責めある当事者の訴訟行為」において、真実義務を強調していたことは前述した。予期されていたとおりだが、一八九五年法には、「いずれの当事者も、（中略）自己の請求を理由づけるのに必要なすべての事実を、真実に即し完全に、かつ特定的に主張し」、「相手方当事者がした事実の主張および申し出た証拠に対して明確に意見を述べなければならない」と定められている。この条文に関する提案理由書は、この条文に違反したからといって、特別の法効果が課せられるわけではないが、このような条文を法典上に明記することは、法典の姿勢を示すために必要なことであり、このような義務を当事者に課することは、ひいては裁判所の真実発見義務・訴訟指揮権を強調する本法典の態度に結びついてくる、と説明している。この条文は議会の審議でも、格別の異論なく承認された。

(6)　訴訟指揮権

(ア)　訴訟手続における当事者と裁判所の役割分担について、後者の比重を高めることを年来主張してきたクラインが、一八九五年法で訴訟指揮権の強化を打ち出したことはいうまでもない。裁判所の行う釈明処分として、ドイツ帝国法と同じように、①当事者本人の呼出し、②相手方当事者の所持文書の提出、③鑑定、④検証の四つの処分を認めていた。しかしさらに一つを加えて、⑤「訴状の記載もしくはその後の審理の経過から、重要な事実の解明を期待できる（と判断した）第三者を、証人として呼び出すことができる」。職権によって証人の指名、呼出しまでできるとしたのである。さしもに、議会の審議では（すでに衆議院の常置委員会の段階で）これは行き過ぎと批判された。議論の結果、右の五つの処分を一項にくくり、その次に新しい項を立てて、「裁判所は、これらの処分のうち、当事者双方が反対である旨を表明したときは、文書および証人についてはその処分（右の②と⑤）を行うことができない」と定めるにいたった。常置委員会の本会議あての報告書にいわく、民事事件の当事者間の情況はきわめて複雑で、家庭内の情報など、当事者双方が明らかにしたがらない事情がある。したがって、当事者双方が意識して引用しない文書や、発言することを好まない者を証人として取り調べることは、いくら真実発見の必要があるからといっても、行き過ぎである。(22)

(イ)　区裁判所の手続では、裁判所は当事者に教示する義務を負っていた。区裁判所の手続では、当事者は弁護士を選任しないで、自ら訴訟追行をしてもよい、という立前（本人訴訟主義）がとられていた。この自ら訴訟追行をする場合、裁判所は当事者に、訴訟行為をするか、しないかによって、彼にどのような利益・不利益が生じるかを、説明しなければならないとされていた。ことに裁判を言い渡す場合、この裁判に不服があるときは上訴ができること、上訴のための期間、その他上訴に必要な手続上のこと、上訴するときは弁護士を選任すべきこと（地裁以上の手続になるので）、を教示すべきであるとされていた。この教示制度は、一八九五年法の社会政策的性格を示すものとして、しばしば引用されている。しかし、最下級審の訴訟手続では、弁護士の選任を必要としないこと、弁護士を選任しないで本人自ら訴訟手続を行うときは、裁判所が格別の配慮をすべきことは、当時ひろく（普通法学でも）論じられていて、とくに政策的立法とは考えられていなかったものである。ただ、ドイツ帝国法などでは、この旨の明文規定は法上存在しなかった。

(7)　口頭弁論調書とその法効果

一八九五年法は、口頭弁論調書の作成・内容・その法効果について、ドイツ法といちじるしく異なる規定を設けた。

口頭弁論期日には、当事者は訴えの取下げ、自白などの重要な申立て、陳述を行うが、ほかにも個別的具体的な事実（貸借、弁済がどのような態様で行われたか、など）の陳述も行う。ドイツ法の口頭弁論調書には、前者の重要な申立て、陳述の記載は行っても、後者の個別的具体的事実の陳述まではいちいち記載しない。これらの個別的具体的事実の陳述は、のちに裁判官が判決書を作成するとき、判決事実の欄に、どちらの当事者から、どのような陳述がなされたかを記載する。そして、この判決事実の欄の記載が公の証明力をもつ(23)。すなわち、のちに上訴が提起され、事件が上訴審に移行されたときに、上訴審の裁判官が原審でどのような事実の陳述がなされたか、を判断するおりに、この原審の「判決事実」の記載が基準（証拠）となる。

このドイツ法の記載方式の難点は、個別的具体的事実の陳述がなされた時点と、判決事実の記載がなされる時点の間に、かなり長いずれ（タイムラグ）が存在することである。その間に、裁判官の記憶が薄れて、ときには失念するおそれもある。そこで、ドイツ方式のもとで推賞されるのが、メモを作成することである。裁判官が当事者の陳述を聴いたとき、メモを作成しておき、それを後日、判決事実を記載するときに、利用するのがよいというのである。

これに対して、オーストリア法では、口頭弁論調書に、訴えの取下げ、自白などの重要な申立て、陳述を記載するほか、個別的具体的事実の陳述も、「簡潔に要約して」であるが、記載しなければならないとされている。そして、期日にこの口頭弁論調書の作成を終わると、その調書を朗読、または当事者に閲読させ、そのあとで裁判官・書記官・当事者が署名する。このことによって、口頭弁論調書の記載が、公の証明力をもつ。ドイツ法のように、「判決事実の記載」がこの効力をもつのではない。ドイツ法は、陳述のなされた時点と、右の記載がなされた時点のギャップを、メモを利用することによって埋めようというが、そのメモがそもそも作られなかったときはどうするか、あるいはそのメモを紛失してしまったときはどうするか、陳述がなされた時点で調書に記載しておくのが、一番安全な方法ではないか——。

このクラインの提案によるオーストリアの立法は、長く国内外の批判にさらされた。調書への記載を終えた上、前述のような朗読・閲読・署名の手続をへていると、口頭弁論期日の終結がどうしても遅くなるし、重要な陳述があったとして弁論の動きをとどめて調書を作成していると、弁論の活性・リズムが失われる、などと批判された。

わが国でも、かつて兼子一博士がドイツとオーストリアの立法を比較検討され、ドイツ法の立場をよしとされた（したがってまた、そのドイツ法に従うわが法の立場を是とされた）[24]。しかしオーストリアでは、この一八九五年法の立場は不動のようである。

(8)　更新権の制限

(ア)　控訴により、事件が第一審から控訴審に移った場合、当事者が第一審で提出しなかった（その意味で新しい）事実・証拠方法を提出して、控訴の審理を受けることができるだろうか。すでに第一審で提出した（その意味で古い）事実・証拠方法に加えて、この新しい事実・証拠方法についても、控訴審の審理を受けることを弁論の更新といい、この更新を求める当事者の権利を更新権とよぶ。

更新権を認めるか、制限するか、もしくは否定するか。昔からいろいろな議論のある問題だが[25]、オーストリア（ハープスブルク家領）でも、地方によってマチマチであった。しかし、（ヴィーンを含む）いわゆる世襲領では、古くから（遅くとも一六世紀から）否定説が支配的であった。これに反して、一八七七年のドイツ帝国法は、完全な更新権肯定説であった。オーストリアの一八九五年法にさきだつ民訴諸案は、このドイツ帝国法、その前身となった草案のつよい影響を受けたので、全体に更新権に対して好意的であった。だが、帝国議会筋ではこの更新権の評判が悪かった。議員の多数が、古くからの更新権否定（更新の禁止）になじんでいたからである。一八九五年法も、更新権否定の立場をとった。

(イ)　クラインは、提案理由書において、新法案が口頭主義・直接主義をとることが、更新権を否定する理由だという（少なくともその大きな理由の一つだという）。この二つの訴訟上の主義は、現行法（一般裁判所法など）のとる書面主義・間接主義にくらべて、はるかに多くのエネルギーを裁判所から奪う。すでに第一審においてこのエネルギーを奪いながら、控訴審においてもまた奪うというのは、立法政策として容認しがたいという。[26] しかし、よりエネルギーを奪うのが少ない書面主義・間接主義のもとでげんに更新権否定が認められているではないか。クラインにとり、更新権否定が伝統であり、議員の多数がそれになじんでいる、というのが更新権否定の本音ではなかったろうか。

(ウ)　しかし、一八九五年法には、更新権否定の立場に立っているにしてはあまりすっきりしない条文が見出される。「控訴審手続において、当事者は、控訴理由を根拠づけ（Dartuung）または反駁する（Widerlegung）ためにのみ、判決およびその他の訴訟記録の内容上第一審において提出されなかった事実、証拠方法を提出することができる」。ここに「第一審において提出されなかった事実・証拠方法を提出することができる」とは、どのような場合を指しているのか。立法の完了後（一九〇〇年）に刊行した講義録のなかで[27]、クラインは、「証拠価値が争われたような場合、たとえば、第一審判決により証言を採用された証人の信用力（証拠力）が争われた場合、その証人の信用力に関する新事実・新証拠方法を提出できる」といっている。クラインは、更新権否定の立場の厳しさを承知して、このような場合に例外を認めて、その厳しさを多少とも緩和しようとしたようである。しかしオーストリアの実務は、立法の当初こそ動揺を重ねたが、やがて「控訴理由」の認定に厳格な態度をとり、証拠価値の誤りなど容易に「法律に適合した控訴理由」とは認められないという態度をとった。裁判実務がクラインの権威に背反した数少ない例とされている。

(エ)　いま一つ、更新権を否定（右の法文の存在することからいえば、制限というべきであろうが）しながら、一八九五年法が立法としてすっきりしないのは、控訴と再審の申立ての間に、次のような不均衡な結果を認めているからである。すなわち、再審の申立てが許される事由の一つとして、「前訴（ここでは第一審）で提出、もしくは利用していたら、自分にとって有利な判決をもたらしたであろう新事実・新証拠方法をその後に発見、もしくは利用可能となったこと」、および、「前訴でこれらを提出、もしくは利用しなかったことにつき自分に故意・過失がなかったこと」を主張・立証したら、前訴（第一審）の判決の取消しを求めることができるとされている。[28]しかもこの再審の申立ては、第一審判決に対する控訴提起前であれ、提起後であれ、それとは関係なしに申し立てることができる。控訴提起後に申し立てたときは、控訴の手続は中断される（つまり、再審手続が控訴手続に優先するのである）。だがこれでは、控訴で更新（新事実・新証拠方法の提出）を禁止しても、再審の申立てというルートをへて、骨抜きにされてしまうではないか。控訴における更新の禁止に、批判的な見解は、一様にこのオーストリア法にみる「ゆるさ」を指摘する。しかし、当のオーストリア側は、控訴における更新禁止という長年の伝統を守って、いささかも動じるところはない。[29]控訴審に多くを期待せず、第一審の審理に全力を傾注するというのが、この国の実務界に定着している。

注

(18) 一八九五年法（執行法をのぞく）の翻訳として、松本博之ほか編『日本立法資料全集四六　民訴法〔明治三六年草案〕四』（一九九五年）一二一頁以下（明治四四（一九一一）年現在）、法務資料四五六号（春日偉知郎訳。一九九五年現在）。
法施行後の改正については、松村和徳「近年における民事訴訟改革とその評価(1)～(3)」山形大学法政論叢創刊号（一九九四年）、第三号（同）、第四号（一九九五年）（私の資料の収集に不足があれば、失礼をお詫びするが、未完に終わったようである）。
なお、河邊義典「オーストリアの司法制度（上）（中）（下）」法曹時報四六巻七号、八号、九号（一九九四年）は、大変にすぐれたオーストリア法の司法制度・民訴法の紹介、評価である。

(19) 沿革について、黒田忠史「ローマ・ドイツ史における裁判費用の諸類型」『西欧近世法の基礎構造』（一九九五年）二五二頁以下、とくに二八九頁以下。

(20) Wach, 後掲書（注(35)）S.10.

(21) 「第一回期日」と、「準備期日」については、松村和徳「『手続集中』理念とその方策としての弁論準備システム」河野正憲古稀祝賀論文集『民事手続法の比較法的・歴史的研究』（二〇一四年）二一一頁以下。

(22) Materialien zu den neuen österreichischen Civilprozessgesetzen（これについては、後掲注(41)）, SS. 774, 886.

(23) 「判決事実」の記載に公の証明力があることは、わが国ではあまり知られていないテーマであるが、かつて多少論じたことがある。拙稿「当事者による『手続結果の陳述』」石田喜久夫・西原道雄・高木多喜男還暦記念論集下『金融法の課題と展望』（一八九〇年）四四〇頁以下。

(24) 兼子一「民事判決における事実の意義—判決事実の機能に関する一考察」（論文発表時は昭和一七（一九四二）年）民事法研究第Ⅱ巻二九頁以下。

(25) すでに第一部六八頁以下において触れた。

(26) 書面主義・間接主義と口頭主義・直接主義をくらべると、後者のほうが前者よりも多く裁判所のエネルギーをとる、というのはクラインの指摘する通りだろう。後者では、受訴裁判所の全員が期日のはじめから当事者の弁論を聴取しなければならない。これに対して、前者では、受訴裁判所の一人が当事者の提出した書面を閲読、争点・非争点に整理して報告書を作成し、この報告書を通じて受訴裁判所の他のメンバーははじめて事件の内容を知り、そのまま判決（証拠調べ）へと進む。受訴裁判所のとられるエネルギーの総量からいうと、前者のほうが後者より少ないのは確実だが（この差異は、第一審が単独制のときにはあまりはっきりとしないが、このころのオーストリア法では、第一審も――区裁をのぞいて――合議制であった）、問題は、このエネルギーの量の差異が更新権の成否にまでつながるかどうか。クラインはこれを肯定していた。

(27) Klein, Vorlesungen（後注(42)）, S. 255.

(28) ただし、この発見、もしくは利用可能になった新事実・新証拠方法は、第一審口頭弁論終結時前に発生していたときに限られる。この時（既判力の標準時）後に発生した新事実・新証拠方法は、請求異議の訴えにおいて主張すべきであるという。

(29) オーストリア民訴法学界を代表する存在であったファッシング（Hans Walter Fasching. 一九二三～二〇〇九年）博士が来日した折りの講演、（森勇訳）「オーストリア民事訴訟法における更新禁止」民事訴訟雑誌二九号（一九八三年）一一四頁以下参照。

五　議会審議中のクラインの著作

各種の法案、それらの提案理由書の提出によって、議会内でのクラインの活動が開始された。提案趣旨の説明、法条についての質疑応答、有力議員への根回しなど、クラインの日々は多忙をきわめたであろう。しかし、その期間中でも、クラインは内外へ論考を発表するタフさをもっていた。論考の内容は、もちろん、新法の紹介・説明に向けられていた。

(1)　「未来の訴訟における当事者代理[30]」

クライン起草の新法案によって、最も直接的な影響をこうむるのは、弁護士層である。訴訟において当事者を代理することを業とする彼らにとって、その活動がどの範囲において許されるのか、とくに必ず弁護士を代理人とすることが要求されるいわゆる弁護士強制主義が、どの手続において認められるのか、弁護士にとっての喫緊の関心事であった。深い関心を寄せる層は、それだけに不満も唱えがちで、新法案に対して反対派となる恐れがある。クラインは、この弁護士層を念頭に置いて、新法案のもとでも訴訟代理は十分な範囲で認められており、諸外国や先行する諸草案にくらべて格別厳格なことはない、と論証につとめている。クラインの作成した政府原案では、地裁以上の事件では必ず弁護士を代理人とする弁護士強制主義がとられたが、区裁事件では弁護士を代理人とする必要はなく、成人の男子であれば足りるとされた（もちろん、当事者本人が代理人を選ばず、自ら訴訟追行してもよいとされた）。以上は、一八七七年のドイツ帝国法や、その他のドイツ法系の諸国と同じで、それ自体べつに新味があるわけではない。しかし、それだけにかえって、弁護士層も安心したのではあるまいか。議会も政府原案に賛成した。

（2）『口頭主義の諸タイプ　一八九三年のオーストリア民訴法草案の判断のための資料[31]』

十八世紀の半ば以降、ドイツ法系では、訴訟手続への口頭主義の採用がつよく叫ばれた。そのいきおいは、後世から「口頭主義ファナティシズム（狂信）」と冷やかされるほどのはげしさだった。そのいきおいのたどりついた先、究極の立法とされたのは、一八七七年のドイツ帝国法であった。しかし、クラインは、この帝国法にはそう容易には従わなかった。彼が口頭弁論の内容を証明するのに、裁判官の作成する「判決事実」を用いず、口頭弁論期日に作成される調書に求めたことは、先に「口頭弁論調書とその法効果」の項で紹介したとおりである。

クラインは、自分のこの提案が、はげしい批判にさらされることを承知していたようである。

彼は、この論考において、口頭主義の歴史を語り、諸法のうち、とくに①フランス法、②ハノーファー王国の一八五〇年法、③ハノーファー草案、④ドイツ帝国法をとりあげ、一くちに口頭主義といっても、法律によっていろいろな類型（タイプ）のあること、そしてそれぞれのもつ長所、短所を指摘、検討している。結論的には、オーストリアの新法案の示す口頭主義が、最もよい、ということに落ち着くが、この新法案の示す口頭主義は、右に列挙した諸法律（草案）のうち、②に近似するところが多いという。②は④の源流をなすものである。源流に近似するところが多いということにより、④を批判する有力な論拠を得ようとしているようにみえる。その筆調に、いささか強引さを覚えるが、このことはまたのちに触れよう。

(3)　「オーストリアの新しい民訴諸法案(32)」

ドイツで民訴専門誌として評判の高い「ZZP」誌から、議会に提出した民訴関係法案（施行法案を含む）を紹介してくれと頼まれ、クライン自らが執筆したものである。編集者から、「多忙ななかを、よく引き受けていただいた」と謝辞が第一頁の付注に記載されている。二号にわたって分載されているが、前の号には、民事裁判管轄法と民訴法、後の号には執行法の主な条文、それぞれの提案理由書、関連する議会の審議録などが掲載され、前後計一三〇頁にわたる大作。クラインのエネルギーには、ただただ驚くほかない。司法省から『資料集』（後注

（41）参照））が発表される以前で、起案者の筆になるだけに、きわめて貴重な資料であったろう。

注

（30）Die Parteienvertretung in künftigen Processe. Ein Stimmungsbild für die Kritiker des Entwurfs eines neuen Civilprocessordnung. 右の後半は「新しい民訴法案の批判者のためのムード画（情緒画）」とでも訳すべきか。いささか気取った感じを否定できない。

一八九三年に法律週刊誌に連載され、のち遺稿集Ⅰ一〇頁以下に収載。著者名は明らかにされず、＊印（アスタリスク）が三つ付されているだけである。

（31）Mündlichkeitstypen. Materialien zur Beurtheilung des österreich. Civilprocessordnungs=Entwurfes vom 1893.（1894）.

（32）Die neue österreichischen Civilprocess-Gesetzentwürfe. ZZP, Bd.19（1894）, SS.1～78, 197～246.

六　ドイツ人からみたオーストリア新法案

オーストリアの議会に提出された民訴関係の諸法案は、隣国ドイツからもつよい関心を寄せられた。

二つの国は、長い国境線で接し合うだけではない。ほんの最近までは、同じ政治共同体に属していた（ドイツ連邦）。オーストリアは、この連邦の議長国として連邦をリードする立場にいたが、その立場を狙うプロイセンと闘い（普墺戦争）、いとも簡単に敗れ去って、ドイツ圏から放り出されてしまった（一八六六年）。しかしもともとは、言語を共通にし、文化を共通にし、法制的にも相似たところの多い両国である。その一方のオーストリアにおいて、他方のドイツの民訴法をこっぴどく叩いた新法案が作られ、議会に提出されたというのであるから、ドイツの識者たちは無関心ではおれない。いくつもの論評する原稿が発表された(33)。ここでは、次の三つを取り上げておこう。

(1)　ベーアの「オーストリアの新しい民訴法」(34)

クラインが「ＺＺＰ」誌上にオーストリアの新法案を紹介する労をとったことは前の機会に述べた。ＺＺＰの編集者は、クラインの原稿を掲載するに先立ち、その原稿をベーアに見せて、オーストリア新法案への論評を乞うた。ベーアは快諾した。クラインの右の原稿は、ＺＺＰ誌上に二号にわたって分載されたが、その前のほうの号の分載後にこのベーアの論評が掲載された。

ベーアは、そのころのドイツの法実務家たちを代表する論客であったが、一八七七年のドイツ帝国の民訴法に対しては、終始反対する立場をとった。彼は、ドイツ帝国下院の議員の一人であったが、その帝国下院は帝国民訴法などの審議のために、「帝国司法委員会」(Reichsjustizkommission) というのを組織し、彼はその委員の一人に選ばれた。この委員会の席上、ベーアはいたるところで法案に反対したが、ほとんどが少数意見にとどまり、法案の修正に至らなかった。だが、彼はめげなかった。法案が法律となり施行されてからも、彼はいくつかの論文を書いて、民訴法に反対しつづけた。その彼に民訴法をたっぷりと批判するオーストリア新法案が渡されたのである。大喜びの態が、その論評する文面から読み取れる。ただ、一点、彼がどうしても賛成し兼ねるとした論点があった。それは、ドイツ法のとる当事者宣誓に代えて、当事者尋問を導入した点である。ベーアもこれがクラインの独創ではなく、司法大臣グラザーの少額事件手続法以来のものであることは知っていた。しかしそれでも、当事者から自分の訴訟を神聖な宣誓に賭する権利を奪ってはならない、と強い調子で批判した。ベーアのせっかくの擁護にもかかわらず、ドイツ法がその後（一九三三年）態度を改め、当事者宣誓に代えて、当事者尋問を導入したことは、よく知られた事実である。

(2)　ヴァッハの『口頭主義――オーストリア民訴草案における――』[35]

ベーアが、法実務家のあいだの代表的大家とすれば、ヴァッハ（ワッハ。Adolf Wach. 一八四三～一九二六年）は、学者のあいだの代表的大家であった（当時、ライプチヒ大学教授であった。～一九一九年）。しかもベーアが帝国民訴法の批判者であれば、ヴァッハはその帝国法、それもとくに口頭主義の擁護者であった。[36]そのヴァッハがヴィーンに来ると聞いて、クラインは「第一級の首くくり役人（Henker）が来る」といって警戒の色を濃くしたという。ヴァッハはヴィーン法律家協会の招きを受けて、一八九四年一月二日（なんと！）同地に来て、講演を行った。そのさいの講演原稿が本稿である。ヴァッハは、講演のはじめのほうこそ、私は外国人である、お国の裁判実務に通じない、的はずれなことを申し上げるかもしれない、といんぎんな態度ではじめ、第一回期日などドイツでも真似をしたい制度である、などと持ち上げながら、やがて準備手続に入り、期日・期間の取扱い、裁判官の職権強化、当事者一方の欠席のさいの措置など、新法案の主な内容に言及し、全体としては言葉はげしく攻撃している。私（鈴木）にとってとくに印象的であったのは、クラインの口頭主義を手きびしく批判している部分であった。

クラインは、口頭弁論期日においてどのような弁論がなされたか、それを証明する手段として「判決事実」の記載によることなく、期日当日に作成された口頭弁論調書の記載によるのが適当とした。彼はこの意見を展開するにあたって、一八五〇年のハノーファー王国法の実施に関与した裁判官たちの意見書を引用した。同王国法は、一八七七年のドイツ帝国法をはじめ、一九世紀後半のドイツ法系の原型となった法律であるが、同王国政府は、同法の施行後しばらくして同法の施行に関与している裁判官たち（部長・所長クラス）に施行の感想・経験・意見の提出を求めた。この意見などの提出は、毎年求められたようであるが、一八六一年、この意見などを民訴の主な項目ごとにまとめて、一冊本として刊行した（編集は、当時の上級司法参事官、A・レオンハルトが担当した[37]）。このうち、「口頭主義」の項目のもとに、二〇ばかりの意見が収載されており、この意見のなかに自分と同様、判決事実の記載よりも、口頭弁論調書の記載を尊重する意見があるとして、クラインはこの書物を引用するのである。ハノーファー王国法は、口頭主義訴訟の源流とされるので、その実務を担当する裁判官のなかに同意見があるのを心強しとしたのであろう。しかし、その数は二〇ほどの意見のうちの七つにしか過ぎない。

しかもその七つが、はたしてクラインと同意見なのかはっきりしないものも含んでいる（法律じしんは、「判決事実」記載に弁論内容の証明力を認める立場をとっていた）。クラインの引用は、あまりにも強引である。ヴァッハは、二〇あまりの意見を一つ一つ短文ながら紹介し、クラインの援用する七つの意見もこの程度の内容であるという。この部分のヴァッハの批判は付注に書かれている。(38) 講演では言及されずに、のちに一本として刊行されたさいに補筆したのであろう。しかし、そのヴァッハの丹念さに、いささか驚き、執念のようなものさえ感じた。とにかく、ヴァッハのドイツ帝国民訴法、とくにその口頭主義擁護に費やしたエネルギーは、大変なものであった。

(3)　フィアーハウスの「オーストリア新民訴法案の議会での取扱い(39)」

フィアーハウス（Felix Vierhaus. 一八五〇〜一九一七年）は、当時プロイセン司法省の上級参事官であり、ZZP誌の編集者であった。その編集者の立場から、先にクラインにオーストリア新法案の内容の紹介を依頼したが、その後その新法案が帝国議会でどう取り扱われたか、常置委員会、合同委員会の報告、委員会で付された付帯決議の内容まで、詳細に報告したものである。隣国のしかも思いきった改革案に対して、ドイツの専門家の寄せた関心の深さが示されている。(40)

注

(33) 衆議院の民訴法の委員会の報告書（ベールンライターが執筆）には、異例ではあるがと断りながら、「文献」（Literatur）という項目が設けられている。そのなかには、後述するベーア対ヴァッハのアンケート合戦をはじめ、ドイツにみられるオーストリアの民訴法案に対する論評、同じくオーストリア国内における論評などを掲げ、少なくとも同委員会の委員たちが、これらの諸文献を踏まえながら議論したことを窺わせる体裁をとっている。Materialien（後注(41)）SS. 745 ff. なお、オーストリア国内においてクラインの起草した新法案に対して反対意見がなくはなく、ヴィーンの弁護士コルンフェルト（Ignanz Kornfeld）の反対意見などが引用される。コルンフェルトの反対意見につき、上田理恵子「オーストリア民事訴訟における口頭審理と法曹たち」法制史研究六二号（二〇一二年）一四～一五頁。上田論文は、次の(2)のヴァッハの批判にも触れている、一一頁以下。

(34) Otto Bähr, Die neueren österreichischen Civilprozess-Gesetzentwürfe, ZZP, Bd. 19 (1893), SS. 79 ff.. ベーアの経歴は、拙著・ドイツ二六三～二六四頁で紹介した。

(35) Die Mündlichkeit in oesterreichischen Civilprocess-Entwurf, 1895.

(36) ベーアが一八七七年のドイツ帝国法の批判者であれば、ヴァッハがその擁護者であったことは、本文にも述べるとおりである。法案が法律になってからも、ベーアはその批判をやめなかった。ベーアが批判の的の一つとしたのは、ドイツ帝国法に見られる口頭主義の極端化であった。訴状・答弁書・準備書面によって、当事者の一方がどのような申立て、主張をしようとしているのか、相手方当事者、裁判所にとって明らかになっているのに、期日においてそれらを口頭陳述しないと法的に意味がない、というのはあまりにも口頭主義の形式にこだわったものである。だから、当事者の一方は、「訴状（準備書面）の記載のとおり」と一言ですますし、相手方当事者、裁判所はそれに文句をいわない。ベーアは、ドイツ各地にいる知人（裁判官、弁護士）にアンケートを送り、その回答に基づいて、帝国法の口頭主義を批判する論文を発表した（Der deutsche Civilprocess in praktische Bestätigung, Jherings Jahrbücher, Bd. 23（1885））。これに対してヴァッハが、反対の論文を発表した（Die Civilprozessordnung und die Praxis, 1886）。ベーアは、ただちに反論を同じ雑誌に掲載した（Noch ein Wort zu deutschen Civilprocess, J.J. Bd. 24）。ヴァッハは、同じライプチヒ大学の教授ヴァイスマン（Weismann）の協力を得て、ヴァイスマンの作成したアンケート（その内容は、ZZP, Bd.10（1886））を全国の高裁・地裁の民事担当者へ発送した。回答は、地裁レヴェルでいえば、全国一七二か所のうち一〇一か所にものぼるが、その回答の整理はヴァッハ自身が担当した。そして、回答の結果明らかとなった各地の実情に論評を加えて、ＺＺＰ誌の次の巻（Bd.11）の追録（Ergänzungsheft）という形で公表した。一六九頁にもおよぶ長編である。ベーアも負けてはおらず、一八八八年に『ヴァッハ教授の訴訟アンケート』（Die Proceßenquete des Profs. Dr. Wach）なる一本を明らかにした（未見）。

以上が、ドイツ民訴法史に名を残すベーア対ヴァッハの「アンケート合戦」である。

一八七九年にドイツ帝国法が施行されるまえ、ドイツ各地ではバラバラな民訴法が行われていた。大きく分けても、①普通法（書面主義、同時提出主義）、②フランス法（口頭主義、随時提出主義）、③各地の固有法（ラント法。たとえばプロイセン法）の三つの法系に分かれ併存していた。そこへ、フランス法に基づくとはいえ、いろいろと新工夫をこらしたドイツ帝国法が施行され、その適用が強制された。各地の裁判所がこれにどう対応したのか、あるいは抵抗したのか、その抵抗を克服してどう帝国法は浸透していったのか。法史的にも関心のもたれるテーマであるが、右の「アンケート合戦」は、口頭主義という限られた分野であれ、このことを知る上で貴重な資料である。

(37) Adolf Leonhardt, Das Civilprocessverfahren des Königreichs Hannover, 1861. オーストリアを含むドイツ連邦が民訴法の起草を決め、そのモデル法としてハノーファー王国の一八五〇年法を選んだこと、起草にさいしては、モデル法の行われている現地へいって、その実情を知るのがよいとして、起草のための委員会を同王国の首都（ハノーファー市）で開いたことなどは、本稿の冒頭近くで紹介した。その起草委員のために、ハノーファー王国は本書を編集させて、委員たちの参考に供したのである。編集したレオンハルトが、一八五〇年法の起草者（の一人）であること、右の起草委員会でのハノーファーの代表となり、しかもその報告委員（たたき台となる原案を作成し、その説明にあたる委員）に選ばれたことなど、それぞれ前の機会に紹介した（拙著・ドイツ七九頁以下、一一九頁以下）。

(38) SS. 62-65. Anm. 36. レオンハルトは意見集（前注(37)）の口頭弁論に関する項目において二三の意見を紹介しているが、ヴァッハはこのうちの二一について言及している。

(39) Die Behandlung der neuen österreichischen Civilprozess-Gesetzentwürfe im Abgeordetenhause, im Herrenhause, ZZP, Bd. 20 (1894) S. 552 ff., Bd. 21 (1895) S. 196 ff., S. 360 ff. 三号に分載されているが、最前号は民事裁判管轄法、民訴法の、前号は執行法の衆議院での審議を取り扱い、後号は三法の貴族院における審議を取り扱っている。

(40) フィアーハウスは、クラインと、その作品であるオーストリア法に対して、終始友好的であった。自分が編集者をつとめるＺＺＰ誌に彼を誘ってオーストリアの新法案を紹介する機会を与え、また法案の審議がはじまると、三号にわたってその過程を克明に報告する労をとるなど、まるでドイツ国内法なみであった。法律成立後でも、オーストリア法に対する好意的な態度をくずさなかった。クラインも、「高裁長官フィアーハウス氏の六五歳の誕生を祝う」という一筆をドイツの法律雑誌に寄せたという。フィアーハウスは、司法省の上級参事官の後、キール、ブレスラウの高裁長官をつとめた。

クラインとその作品が、ドイツのベーアやフィアーハウスら裁判官たちに歓迎され、ヴァッハら（後述するリヒャルト・シュミットも）学者から批判の的にされたのは、彼の理論および作品が、当時のドイツ法にくらべて、裁判官の手続内での権能を強化する面をもっていたことは否定しがたい。

七　法施行の準備

民事裁判管轄法、民訴法は、一八九五年八月に皇帝の裁可、執行法は一八九六年五月に皇帝の裁可をえて、それぞれ公布の形式を整えたが、施行は、三法ともに、一八九八年一月一日からであった。

一つの法律が出来上がると、今度は当然のことながら、その法律を運用する人びと――裁判官と弁護士――に、その法律を十分に理解し、その運用に熟達してもらう必要がある。

弁護士については、弁護士会などが主催する研究会が、いくつももたれて、新法の研修にはげんだといわれているが、以下では裁判官の研修にしぼって、二、三を拾っておくと――一八九六年九月司法省の省令によって、地裁、区裁では週会（Wochenversammlung）というのが開かれた。新法の理解を容易にするために、研究会が開かれたのだが、地裁は平日一日か、二日、計三時間。区裁は週一日でよいとされたが、これが司法省の指導によって、土曜日の午後開催とされた（残された省令の草稿では、この「午後」というのはクラインが書き加えたとされる）、半年ほどの間であったというが、毎週・毎週の土曜日の午後というのは、なんとも厳しいはなしである。

週会では当然のように、いろいろな疑問がとび出したが、参加者で解決できないものは、すべて司法省に送った。司法省は通常の疑問は、省かぎりで応答していたが、新法の欠缺や、条文相互の矛盾を指摘する疑問は、最高裁判所に伝達して、その意見を乞うた。同裁判所は、裁判官会議を開いて意見を決め、それを司法省に回送した。司法省はのちに、この質問、それに対する司法省、最高裁判所の応答を一書にまとめ、「質疑応答」（Fragenbeantwortung）と題して公表した。わが国である時期からみられるようになった「一問一答」集に似るが、一問一答のように執筆者（立法担当者）が想定した質問でなく、現場で新法の適用に迫られた者からの質問であるし、また、一問一答のように提案（立法）理由書に代わる機能はなく、提案理由書、議会の議事録などは、別に「資料集」として司法省から公刊された（一八九八年）[41]。そのほか、一八九七年の一〇月には、調書・裁判などの「様式集」が、新法施行後の九八年九月には「実例集」が、いずれも司法省から刊行された。

「裁判所査察官」（Gerichtsinspektor）という制度が設けられた。もともとは、民訴関係諸法に先立って施行された刑訴法がなかなか現場に浸透せず、末端では無視する運用がなされた、という苦い経験に基づくようである。一八九六年一一月の裁判所組織法によって、司法大臣にこの制度を設ける権限が与えられた。高裁の判事クラスを司法省付きとし、分担を定めて各地の裁判所へおもむかせ、法（新法を含む）の運用ぶりを探査して、必要な是正を求め、あるいは助言を与える。その後、司法省にもどり、本省の役人や、査察官仲間に結果を報告したり、意見を交換しあい、その一致した意見をひっさげて、また担当の裁判所へおもむく、というのをくり返していたようである（彼らは暖かいときに「第一線」におもむき、寒くなると司法省に戻ってきたといわれる）。その任務の性格上、裁判官や弁護士から嫌われたり、ときには「クラインの回し者」（Kleinscher Spitzel）と毒づかれたこともあったが、それでもこの制度は新法の運用の統一にかなり効果を発揮した、と後代の人びとは指摘している。

注

（41）Materialien zu den neuen österreischen Civilprozessgesetzen, Bde.1., 2.（1897）.
ただ、この資料は、議会の委員会の審査経過を紹介するのに、ドイツ帝国法の資料のように個々の委員の発言内容ではなく、委員会の報告担当者（ベールンライターなど）の（本会議への）報告書を掲載している。ドイツ帝国法の資料のように委員の賛否の所在は分からず、報告担当者の個性がつよく浮びあがっている。

八　法施行後のクラインの著作

民訴関係諸法の施行という、彼の生涯にとっても記念碑的な大業をなし遂げたのちでも、クラインの弁舌と執筆の意欲はますます盛んであった。

以下には、民訴法関係にしぼって、その代表的なものを紹介しておこう。

(1)『民訴実務に関する講義』(一九〇〇年)[42]

一八九九年の夏学期（春・夏）、ヴィーン大学で行われた彼の講義の内容を公刊したものである。

一八八五年三月、母校ヴィーン大学より教授資格を認められたクラインは、さっそく、同年の冬学期（秋から翌年一、二月まで）同大学で講義を開始した。もちろん、正規の教員ではなく、非常勤講師（私講師。Privratdozent）であった。しかし、クラインはこの講義に熱心であった。一八九三年から九八年、つまり法案の議会への提出、議会での審議、法律の施行の準備、ときわめて多忙と推察される時期に、クラインはほとんど休むことなく、この講義を継続している。[43]そして、法律施行の翌年、一八九九年の夏学期に「実務における新訴訟諸法の適用」と題する講義を行い、その内容に手を入れて出版したのが、本書である。

本書の目次は、「第一章　新訴訟・執行手続の従来の成果」、つづいて、「第二章　直接主義」、「第三章　訴訟指揮」、「第四章　準備手続」……となり、「第一〇章　控訴手続」、「第一一章　抗告」で結んでいる。結びの二章は、講義のさいは時間の関係で言及できず、のちに手を入れたさいに補充したものである。

本書第一章は、法実務（法の適用）は法源論においてどのような地位を占めるか、という大上段の議論からはじまり、つづいて、「民事司法は、現実の経済的・社会的生活を介助

(Pflege) するものであり、学問の研究ではなく、むしろ学問の応用であって、言葉をより高次な意味でとらえるならば、時代の社会経済秩序の維持に奉仕する行政作用のひとつである」と論じている。しかし、このような抽象的、思想・政策レヴェルの議論は、この章だけであって、以下の「第二章　直接主義」、「第三章　訴訟指揮」などでは、より具体的、実務・実践的な問題が取り上げられている。それぞれの章題（直接主義など）に関連する条文、その立法理由、望ましい解釈など、新法の説明がくわしく行われ、ときには、施行後に出された新法への疑問に対する解答も示されている。その高度さ、詳密さからいって、明らかに手続法実務家に向けられた説明である。思想・政策レヴェルの議論は、次の②、③でより濃厚に行われている。

(2)　『訴訟における時代思潮』（一九〇一年(44)）

一九〇一年一一月、クラインは、ドイツのザクセン王国の王都ドレースデンに赴き、ある財団の依頼に基づいて講演を行った。その講演の内容は、最初財団の機関誌に載せられ、次いで遺稿集に掲載され、さらに、ヴォルフ（Erik Wolf）編の「ドイツの法思想」シリーズに収録された。この最後の版の原本について、中野貞一郎博士の翻訳がある（前注(44)）。

この中野博士の翻訳は、クラインの華麗な表現（ということは、外国人にとっては難解な表現）にたじろぐことなく、的確に要点をみとり、それを美しい、そして平明な日本語に移しかえられている。翻訳のお手本のような名品である。

クラインの講演の聴衆は、有識の人たちではあったが、手続法の専門家ではなかった。クラインも、こまかな技術論に立ち入ることなく、民訴の大まかな歴史を語ることからはじめている。時代、時代の社会・経済の発展、思想内容の変遷、それらと民訴との結びつきを明らかにしようとしている。知識の豊富さと、それを表現するレトリックのたくみさに、思わず感嘆してしまう。中野博士は、クラインのこの著を目して、「自他ともに満足する訴訟改革を成し遂げた人の豊かな余裕を読者に感じさせる」と評されている（訳書一五七頁）。自己の作品（＝立法）に対する評価の高さが、この余裕を裏づけているのであろう。

この(2)が講演であり、次の(3)は教科書であり、両者の間には一三年もの時間差がある。しかしそこに描かれているオーストリア法の特色、ひいてはその背景として述べられるクラインの訴訟観には、変遷はなさそうである。

(2)には、右のように中野博士の名訳もあり、ここでは、次の(3)にすすむことを許されたい。

(3)　『オーストリアの民事訴訟』（エンゲルとの共著、一九二七年）(45)

クラインの最初にして、最後の民訴の教科書である。ドイツのヴァッハらの編集した「文明諸国の民訴法」シリーズ中の一冊として、執筆を依頼されたものである。クラインは、一九一四年の七月に執筆を終えたが、同じ月の二八日、オーストリアはセルビアに宣戦を布告し、第一次世界大戦がぼっ発、その混乱にまぎれて出版は見送られた。世界大戦は一九一八年に終わったが、出版の話が再び持ち出されたのは、一九二六年になってからである。その間、オーストリアは世界大戦に敗れ、ハープスブルク家の帝政は崩潰し、国土はいちじるしく縮小され、国制も共和国になっていた。当然、憲法以下、多くの法制に変換が加えられ、民訴手続も、裁判官の負担増大、価格変動への対応、などによって大きく様相を変貌していた。しかし、クラインにはもはやこの変換、変貌をフォローしていくだけの気力、体力がなかった。その補正・追完をエンゲルに依頼した(46)。しかし、本書の基幹部分、量的にも大半は、クラインの筆になるものである。その筆は民訴法、執行法（保全法も含む）におよんでいる。本書は、翌年一九二七年に刊行された。

本書は、「第一章　法源・歴史・文献」、「第二章　裁判権と裁判官」、以下「裁判所の管轄」、「当事者とその代理人」……と普通の教科書と変らない順序で書かれているが、やや特異なのは、「裁判所による（手続）追行（送達、期日の指定など）」の章と、「直接主義、口頭主義」の章の間に、「オーストリア民訴の諸目標」という章が立てられていることである。民訴の目的（Zweck）は、いつの時代でも「私権の保護」であるが、その目的を追究する民訴手続は、時代によって、場所によって具体的な様相を異にする。その具体的な様相を、現行のオーストリア法に即して、いくつかの目標（Ziel）に分けながら、その特徴を明らかにしようとする。クラインの訴訟観、民訴観がうかがえる個所であり、その訴訟観に対する批判への反論も書いている。章の順序についてはいささか疑問を禁じえないが、われわれにとって重要なのは、章の順序よりも、章の中身である。以下、その中身について、相変わらず華麗な（外国人にとっては難解な）表現が並んでいるが、私なりの言葉で簡単につづってみよう。

(ア)　冒頭近くで、民訴は、国家の設営物（営造物）であると強調する。そして、国家的なもの一般に通じることだが、次の三つの思考方法が成り立つという。その一つは、支配する権力者に重きをおく思考方法、その二は、国家に所属する個々人に重きをおく思考方法、その三は、個々人の総体、つまり社会に重きをおく思考方法。この三つの思考方法は、さまざまな「原理」を考える上でもあてはまる。例を経済原理にとると、右の一は重商主義、右の二は（アダム・スミスらの）古典学派、右の三は重農主義。この経済原理の三分類は民訴法史にも相応のものを見出すことができる。重商主義は、後期ローマ法、ユスティニアーヌス大帝の法、古典学派は、ドイツの後期普通法、現行のフランス法、現行のドイツ法、オーストリアの一般裁判所法、重農主義は、ゲルマン法、プロイセンのフリードリヒ大王の法、オーストリアの現行法がそれぞれ見合っている、と指摘している。

クラインのこのような見解は、すでにわが国に紹介され、「他の追随を許さない創見」という高い評価を受けている(47)。

以下、再びクラインの言葉――

(イ)　民訴は国家の設営する制度である。このことは、古くから認められているが、設営する国家の任務をどうとらえるかで、制度としての民訴の見方も変ってくる。現代の国家は、国民全体の福祉（Wohlfahrt）の向上を任務としている。国民個人々々の自由を尊重し、反面で福祉の向上も個人々々の責任としていた時代、つまり個人主義・自由主義の時代はすでに去った。国民全体の福祉の向上を目ざす点で、司法は行政に似ている。司法（民訴）と行政はまったく異質なものとしてとらえられているが、担当する国家機関こそちがえ、両者の機能、作用はきわめて接近している。民訴は広義の行政といっていい。

(ウ)　民訴は国家の設営する制度であり、その国家が国民の福祉の向上を目ざす以上、民訴における私人（当事者）の利益は、国家の利益の前に後退しなければならない。しかしそういうことは、民訴において私人の利益がまったく無視され、その主体性を失って、国家（裁判所）の調査・審理の客体になるだけだ、ということを意味しない。両者の利益を適当に組み合わせ、バランスをとることが必要である。

(エ)　訴訟は、経済的に大変な費用がかかる。むやみやたらに訴えを提起することは、国家財政の見地からも許されない。そうかといって、訴訟を高額にして、経済的に恵まれない者が、正当な権利主張をすることを妨げられることがあってはならない。訴訟は、富める者にも、貧しい者にも、平等に権利保護の道を開かなければならない。

(オ)　訴訟は、当事者間に敵対感情を生じさせ、また、今まで順調であった当事者間の取引交流を停頓させる。この経済交流の停頓は社会全体の経済循環に悪影響をおよぼす（この経済循環の故障によって、最も大きな被害をこうむるのは個人の家計、大企業ではなくて、中小企業の経営者であることは留意を要する）。この経済循環の故障はもちろん早期に解決されるべきであるし、また、訴訟が遅延すればするほど、債務不履行者の利得が増えるという事態も、社会正義の見地から許されるべきではない。

(カ)　訴訟において節約すべきは、費用、時間にとどまらない。労働力も節約すべきである。人は昨日得たと同じ成果を、今日は、昨日よりより少ない労働力で得ようとする。民訴の歴史も、いわば労働力節約の歴史といえる。紛争に自分の生命を賭けたり、自分の所属する種族の運命を賭けるよりも、裁判所の裁判にまかせるという態度に移行したのも、このような見地から説明できる。手近な例として、書面をいちいち作成し提出するよりも、口頭で裁判所に説明するという近時の立法をあげることができる。

(キ)　最後に、訴訟では正当な裁判をしなければならないが、正当な裁判をするためには事実関係の真実さを見きわめなければならない。その真実さを見きわめるために、当事者だけの責任だけではなく、当事者と裁判所の協働とすることは、労働力の適切な配分という見地からも望ましいことである。

――以上、クラインの学識と比喩とに富んだ華麗な表現を、私なりの粗辞に置きかえて、要約してみた。

クラインの理論に対しては、一部、とくにドイツにおいて、強い批判がみられた。クライン自身によって、オーストリア法の反対者として、あからさまに名指しされたのは、シュミット（Richard Schmidt. 一八六二～一九四四年）である。(48) シュミットは、クラインの立案したオーストリア法を、「社会的民訴法」とよび、社会の一部階層、量的には国民の大半を占める「下層階級」だけを保護の対象としている。また、弁護士を裁判官が当事者と直接交渉することを妨げる者として、その活動範囲を狭めようとしていると批判した。クラインは反論して、社会は下層階級や弁護士からなり立っているわけではない。オーストリア法はもっとほかの人々も保護の対象としていると論じた。問題は、訴訟手続における当事者と裁判所の役割分担である。民訴は国家の設営物（営造物）である。その設営物の中で、当事者がもっぱら権能を有し、裁判所（国家の機関）は義務ばかり負う、というのはいかにもおかしい。両者の間に適切なバランスがとられなければならない。それが進歩の方向である。「なにごとにつけ新しい出来ごとを好まない人にとって、世の中（地球。Welt）が少しずつ動いていることを知るのは、不愉快そのものであろうが、そうこういっているうちにも、世の中は少しずつ動き、その勢いはますます強くなるばかりである」(49)。

注

(42) Vorlesungen über die Praxis des Civilprozesses (1900).
(43) クラインがヴィーン大学で行った講義の時期、科目については、Sprung（前注(7)）, Anhang Ⅲ に一覧表がある。
(44) Zeit-und Geistesströmungen im Prozesse, 遺稿集（前注(10)）第一巻一一七頁以下、(Hrsg.), Elik Wolf, Deutsche Rechtsdenken, Bd. 13, 2. Aufl. (1958). 本文にも述べるように、中野貞一郎博士の翻訳がある、『フランツ・クライン　訴訟における時代思潮』。いま一つのジウゼッペ・キヨヴェンダの論稿の翻訳とともに、信山社古典叢書1（平成元年）として出版された。なお、主題は、直訳すると「訴訟における時代の諸潮流と思想の諸潮流」であろうが、中野博士は右のように「省略的に意訳」された。本稿もこれに従う。
(45) Der Zivilprozess Oesterreichs. in das Zivilprozess der Kulturstaaten (Hrsg.) A.Wach usw. Bd.3..
(46) 以上の出版事情が、序文において明らかにされている。この序文は内容からしてクラインが執筆したようであり、その日付は一九二五年一一月となっている。しかし、クラインは同じ年の一〇月二度目の脳発作におそわれ、完全に意識を失ったまま、翌年の四月に死去している。いささか事情が合わない。

なお、エンゲル（Friedrich Engel）は、ヴィーンの商業裁判所の長官であり、クラインの埋葬式にはヴィーンの法律家協会を代表して弔辞を読んだりしているが、クラインとの交際関係は未詳である。

（47）　斎藤秀夫「民事裁判の歴史」民訴法学会編『民訴法講座第一巻』（昭和二九年）二六頁。ただし、クラインの図式は粗っぽすぎるとして、多少の修正が加えられている。

（48）　クラインはその教科書（前注(45)）において、シュミットの名と、その著作（Lehrbuch des deutschen Zivilprozessrechts, 2.Aufl., 1906, SS. 129 f.）をあげ、オーストリア法の反対者（Gegner）とあからさまに指弾する（S.24）。シュミットは、その師ヴァッハ、兄弟子格のシュタイン（Freidrich Stein. 一八五九～一九二三年。大注釈書の執筆者として著名）とともに、オーストリア法、クラインに対してきびしい態度をつづけたが、クラインはそのうちからシュミット一人を取り上げて指弾する。

こんな話が伝えられている。一八九九年一二月アントン・メンガーが定年退職したおり、オーストリア文部省は後任候補としてヴィーン大学が推せんしてきたドイツ人を含む数人の名をあげ、司法省に意見をたずねた。同省には当時クラインがいた。クラインは、「オーストリアの民訴はあたらしくなって間がなく（メンガーは民訴の教授であった）、その実際の適用に通じていないドイツ人は適任ではなく、ことにシュミットは年来オーストリア法に批判的意見を表明している」とはっきり反対の態度を示した。クラインは、シュペルル（Hans Sperl 一八六一～一九五九年。前年一八九八年にグラーツの a.o.P.（非正規教授）になったばかりである）を推せんし、結局このシュペルルが採用された（Peter Reindl, Franz Klein und das Justizministerium. 前注(7)の論文集に収載、S. 84)。

（49）　Klein=Engel（前注(45)), SS. 203 f.

九　クラインの昇進

(1)　超速昇進

クラインが一八九一年二月司法省から招へいを受けたとき、彼に省内で与えられた官位は下から数えて三番目であったという[50]。そのときからわずか二年ほどで、民訴関係の諸法案を立案し、理由書もそれぞれ付記して、司法大臣たちを大喜びさせた。いく度か立法を試みたが、そのつどうまく行かず、民訴法の立法のおくれは政治問題化していた。諸法案が衆議院に提出されたとき、さっそくワンランク昇進したが、その後議会審議の成功、法律の成立、施行の実施、と節目々ごとにクラインは超速で昇進をつづけた。法律成立の翌年には局長（Sektionschef）となり、さらにその翌年には枢密顧問官の称号、一九〇〇年には局長中の首位、事務次官制のないオーストリアではそれに相応する地位が与えられた。後代からは、「きわめて優秀な人材が、最初から官僚生活の道を選び、その生活の最後に到達しうる地位に、早々と登りつめた」とか、「まるでメールヘンを読んでいるような昇進ぶりであった」とか評された。

(2)　日本からの叙勲

明治三六（一九〇三）年、クラインに明治天皇から勲一等瑞宝賞が送られた。その勲記にいわく、「……日本国皇帝ハ墺地利国司法省第一次官（局長が次官になっている）樞密顧問官フランツクラインヲ明治勲賞、勲一等ニ叙シ瑞宝賞ヲ贈与シ朕カ慈愛ノ意ヲ表ス（改行）神武天皇即位紀元千五百六十三年・明治三十六年六月十七日東京帝宮ニ於テ親（みずか）ラ名ヲ著シ璽ヲ鈴（れい、りん）セシム」。この後に、睦仁と自筆でサインされ、そのしたに「大日本国璽」の印が押されている。(51)

(3)　大学の招へい

クラインが司法省に就職してから、いくつかの大学から教授職への招へいの声がかかった。(52)(a)一八九三年、クラインはプラハのドイツ語大学からローマ法の教授職の招へいを受けた（彼が一八九一年、ローマ法の教授資格を取得したことは前述した）。プラハ大学（カルレ大学）は中部ヨーロッパ最古の大学であり、このころはオーストリア領内にあったが、チェコ（ベーメン）の民族主義の高まりにあって、チェコ語で講義する大学とドイツ語で講義する大学に分かれ、クラインは後者から招へいを受けたのである。しかし、彼はすでに司法省の高官（局参事官）に就いていることを理由に辞退した。(b)一八九五年、南西ドイツのヴュルテンベルク王国のテュービンゲン大学から、ローマ法、私法、民訴法の教授として招へいを受けた。同王国の宗教教育省からの申入れに対し、オーストリアの司法大臣シェーンボルンがいんぎんな表現で、「現在議会で訴訟改革を審議中であり、この審議に彼は欠くことのできない人材である」として申入れを拒絶した。(c)クラインが首席局長の座に就いたのちのこと、一九〇四年にドイツ、ザクセン王国のライプチヒ大学から、民訴法とローマ法の教授の声がかかった。ドイツの大学法学部としてはベルリーン大学と並び称された存在である。まだヴァッハも教授として存在していたから彼の承認を得てであろうが、具体的人事はイェーガー（Ernst Jaeger. 一八六九～一九四四年。破産法、破産外否認権のコンメンタールなどで有名）によって進められた。しかし、クラインはすでに官僚として最高給を与えられている。それに、当時の総理大臣で、法務大臣を兼ねていたケールバー（Ernst von Koerber. 一八五〇～一九一九年）からも、祖国に残って職責を果たすようにと慰留された。クラインもこの慰留を容れてライプチヒ大学の申入れを断った。一説では、同居している七〇歳過ぎの母親の健康を気づかったためともいわれる。(53)

注

(50)　当時の司法省の役人の肩書は下から順に、①平（ひら。titelloser Zugetilter）、②準・省秘書官（Vizeministerialsekretär）、③省秘書官（Ministerialsekretär）……の順で、彼には③が与えられた。

クラインを司法省に採用することをすすめたシュタインバハも、かつて弁護士から司法省へと転じたが、そのおり与えられたのは②であった。

(51) この勲記がオーストリア側に残されていて、Sprung（前注(7)）の付録部分にその写真が掲載されている。クラインは一九〇四年四月二〇日付けで皇帝の承認を得てこの勲賞を受領している。日本側の資料によると（梅渓昇編『明治期外国人叙勲史料集成第四巻』五九頁）、明治三六（一九〇三）年六月当時の文部大臣菊池大麓、司法大臣清浦奎吾、ヴィーン駐在特命全権公使牧野伸顕の三名の連署で、総理大臣桂太郎に対してクラインへの叙勲を申し立て、桂総理からさらに天皇あてに裁可を仰いでいる（当時のクラインの肩書きを中将相当と表示し、勲位の程度を軍人の官位を基準に定めたことを示している）。

(ア) 文部省関係では、東京帝大法科大学教授穂積陳重と京都帝大法科大学助教授勝本勘三郎のオーストリア滞在中、「其視察上ニ関シ最モ慇懃ニ其求（メ）ニ応ジ」た功績、また文部省派遣の留学生について、「視察研究ノ便ナラシメ本邦法学上ノ進歩発達ニ対シ功績尠（すくな）カラズ」と表記されている。①穂積は、明治三二（一八九九）年七月から翌年五月まで、ローマで開催された第一二回万国東洋学会に参加するため出張しているが、その機会にヴィーンを訪れたのであろう。②勝本は、明治二六（一八九三）年東京帝大法科大学を卒業後、検事、東京帝大講師をへて、明治三二年新設の京都帝大法科大学助教授に就任。その直後ただちにヨーロッパに留学、主としてイタリアのロンブローゾのもとで刑事法を研究したが、その間一九〇一年の夏学期、冬学期にドイツのイエーナ大学で講義を聴いているので、その機会にヴィーンに赴いて、それぞれクラインの世話になったのであろう。

(イ) 司法省関係では、明治三二年わが国における治外法権が撤廃されるのを目前にして同年春、九名もの――明治期においては最多数の――司法官が欧米に視察のために派遣されたが、そのうちの小宮三保松（大審院検事）、棚橋愛七（東京控訴院検事）、斎藤十一郎（司法省参事官兼検事）、および司法省技官一名の計四名がドイツ、オーストリアに派遣されている。そして、彼らのオーストリア滞在中、「其視察事項ニ対シ種々便宜ヲ与ヘ因テ本邦ニ裨益セルコト鮮少ナラザルヲ以テ」その功績を表彰するため叙勲するように申し立てている。なお、このおり、派遣された九名もの司法官のうちの一部（右記の三名は含まれていない）が、帰国後司法官の増俸運動を起こし、その増俸の要求を取りいれた政府予算案が帝国議会で否決されると、全国で一〇〇名を超える司法官がいっせいに辞表を提出するという、わが国の司法史上珍しい騒動が発生している。この騒動については、拙著・日本２一〇五頁（39）、一九六頁（6）で触れた。

（52）　弁護士からヴィーン大学の事務局へ転職したころ、外務省から依頼されて東洋学院（Orientalische Akademie）の民訴法・商法・手形法の講師を兼ねた。オーストリアはオスマントルコとの交渉が多かったから、外交官養成所もこの名でよんでいたらしい。民訴法案などの議会審議で多忙になったおり、辞表を提出してそれが認められた。

（53）　クラインの究極の望みは、ヴィーン大学法学部の教授職にあったことは、前後の事情から察せられる。そして、その機会は、一度だけあった。

クラインの後押しを得て、シュペルルがヴィーン大学の民訴法の教授になったことは、すでに述べた（前注(48)）。同法のいま一人の教授は、シュルトカ（Emil Schrutka Edler von Rechtenstamm. 第二語以下が姓。一八五二〜一九一八年）であったが、その彼が一九一八年の一月に亡くなった。シュペルルはクラインに後任の教授にならないかと誘った。クラインは一度目の交渉のときには引き受ける意向を示したようであるが、二度目の交渉のときには拒絶する旨の返事をした。彼によると、いまさら仕事に拘束されたくないし、彼の未来の執筆予定からして同大学法学部のような大規模学部での活動によって時間をとられるのははかなわない、ということであった。彼はすでに六四歳、あまりに遅い機会ではなかったろうか。この事実は、彼の死去の年シュペルルがドイツ民訴雑誌に寄せた追悼文で明らかにされた（Sperl, Franz Klein, ZZP, Bd. 51 (1926), S. 410）。

一〇　二度の司法大臣・総選挙・講和条約

(1)　二度の司法大臣

クラインが首席局長に就任してから、最後に仕えた司法大臣は、総理大臣と兼任した前述したケールバーであった。ケールバーの内閣は、一九〇四年一二月に総辞職した。その後二度にわたって内閣が交替したが、いずれも法務大臣を選任せず、クラインが最高責任者として司法省を切り盛りした。一九〇六年六月ベック（Max Wladimir Freiherr von Beck. 一八五八～一九二九年）が内閣を組織したが、クラインに司法大臣就任を要請した。クラインにとってベックはギムナージウム時代（後の）の同期生である。クラインは要請を容れた。

クラインの大臣在任中の主な出来事として、普通選挙法の成立がある（一九〇七年一月）。この法律は、クラインの労作というよりも、長年の政治問題がこの時機に熟して解決を見たものと評されている。新しい法律による衆議院総選挙は、一九〇七年五月に行われ、社会民主党が第一党、キリスト教社会党が第二党となった。

ベック内閣は翌〇八年一一月に総辞職し、クラインも大臣をやめたが、彼はすでに司法省に在職中（一九〇五年）、貴族院の終身議員に任命されていたので、その後は貴族院議員として活動することになる。

彼は一九一四年四月二四日第六〇回の誕生日を迎え、多数の友人・知己によって盛大な祝賀会が催され、また、記念論文集も刊行された(54)。

同じ年の六月、オーストリアの皇太子夫妻が、サラエヴォで暗殺され、翌月にはオーストリアがセルビアに宣戦を布告して、第一次世界大戦がぼっ発した。同じ月にはクラインが教科書『オーストリア民訴法』の執筆を終えたが、この戦争の混乱に巻きこまれて、出版できなかったことは前述した。

戦争中の一九一六年一〇月、先述したケールバーが二度目の内閣を組織し、クラインはこのかつての上司に乞われるまま、二度目の司法大臣に就任した。しかし、その翌月統治六〇数年におよぶ皇帝フランツ・ヨーゼフが逝去し、後継の皇帝カール一世（暗殺された皇太子の弟）と、総理大臣ケールバーの意見が合わず、一二月にはケールバーが内閣を投げ出してしまった。クラインの在任はわずか七週間であった。

(2)　総選挙――「市民・民主」党

オーストリアで戦時中、ことに戦争が末期に近づくにつれてますます声高かに叫ばれたのは、ドイツとの合邦論であった。ドイツ（帝国）と連邦を作り、その一邦になろうという主張である。多数の民族からなり立つオーストリアでは、各民族ごとに独立した国家をつくろうとする思想がつよく、戦争が末期になるにつれてその思想が現実化していった。オーストリアが今までとくらべようもない小国家に転落し、経済力も底をつくのが見えている。言葉も同じドイツ語をしゃべり、国力、経済力もすぐれているドイツに寄りそって生きのびていこうというのである。クラインはこのドイツ合邦論の提唱者の一人として著名であった。

一九一八年戦況が敗色を濃くしてくると、オーストリアはドイツに先立って戦線を離脱、同年一一月にはカール一世が退位を宣言し、統治権を放棄してしまった。長年の統治者、ハープスブルク家の崩壊である。オーストリアは「ドイツ・オーストリア」共和国と体制をあらため、新憲法制定のための国民議会（Nationalversammlung）の議員を選出する総選挙が行われることになった。クラインはこのさい、市民・民主党（Bürgerlich Demokratische Partei）という新しい政党の創設に関与し、その党総裁に選ばれた。この党は、ドイツとの合邦論を掲げ（これはこの当時どの政党も掲げていた）、さらには戦後のオーストリアの国家体制は民主的でなければならないという、保守と革新の中間を往く政党であった。クラインのことだから能弁、熱弁をふるって、選挙民に訴えたことと思う。しかし一九一九年二月に行われた選挙の結果は同党からは一人が選出されただけで、クラインを含む他の候補者は全員落選が決まった。クラインは落選が決まった日同党を脱退してしまった。

(3)　講和条約――サン・ジェルマンへの使節

オーストリア側にみられた熱心な合邦論に、ドイツは最初あまり乗り気ではなかったが、ついに敗戦直後に成立したヴァイマール憲法には、「オーストリアとの連邦が成立したときには、オーストリアは連邦参議院（Bundesrat. 上院）に代表を送ることができる」という趣旨の条文がおかれた（六一条二項）。しかし、このドイツとオーストリアの連邦構想に対して、つよい反発の姿勢を示したのは連合国（戦勝国）側のフランスであった。ドイツの軍靴に国土を荒され、イギリス、ことにアメリカの援軍がなければ、危うく敗戦のうき目をみるはずだったフランスの、ドイツ、オーストリアに対する怨念はすさまじいものがあった。そのフランスのつよい反発に負けてドイツは一九一九年九月右の条文を撤廃するにいたった。

両国に対する講和会議を、ドイツに対してはヴェルサイユ宮殿において、オーストリアに対してはサン・ジェルマン・アン・レイ（Saint Germain en Laye. パリの西方）でと別々に開いたのも、両国の協力を警戒するフランスの意向によった。オーストリアはこのサン・ジェルマンに派遣する使節団の団長にフランツ・クラインを予定していた。

当時の「ドイツ・オーストリア共和国」の政権第一党は、社民党（正確には社会民主労働党）であり、総理大臣はレンナー（Karl Renner. 一八七〇〜一九五〇年。法理論家としても著名）、外務大臣はバウアー（Otto Bauer. 一八八二〜一九三八年）であった。クラインを使節団の団長に推したのはバウアーであった。典型的なマルキシズム政党（オーストロ・マルキシズムとして有名）であった社民党、ことにその代表的な理論家であったバウアーとクラインがどこで接点をもったのか、私は二人が熱烈な合邦論者であったという以外よく知らない[55]。しかし、この熱烈な合邦論者であったことが仇をなした。合邦論を強く警戒するフランスの圧力の前にバウアーは屈し、使節団長には総理大臣レンナーを選び、クラインは外務省派遣の顧問という形で使節団に同行した。サン・ジェルマンでは、旅室に監禁同様の状態におかれ、条約案も連合国側に一方的に押しつけられ、クラインは失意のうちに帰国した。

クラインは、その後も合邦論の立場を主張したといわれる。一九三八年、ヒットラーの率いるドイツ軍がオーストリアに強制的に進駐、オーストリアをドイツの一州に併合し、そのまま一九四五年第二次世界大戦の終結まで推移した。一九二六年に死去したクラインの知らない情景であった。

注

(54)　国の内外から論稿が寄せられたが、なかには次のような理由で寄稿を断る者もいた。ベルリーン大学のヘルヴィヒ（Konrad Hellwig. 一八五六〜一九一三年）で、「七〇歳記念の論文集への寄稿がふえてきたので、多くの同僚たちと協議して、六〇歳記念のほうは断ることにした」（Sprung・前注(7), S. 42, Anm. 147）。

(55)　須藤博忠『オーストリアの歴史と社会民主主義』（一九九五年、信山社）は本文だけで八〇〇頁におよぼうとする大著で、オーストリアの社会民主党の歴史を詳細に説いて余すところがない感がある。その大著ですら、クラインの名に触れるところはわずか一か所だけで（A・メンガーの名は全然出てこない）それがこのサン・ジェルマン講和条約に触れる部分であった。社会主義社会をめざした同党と、二度も保守的内閣の司法大臣をつとめたクラインの間には、正史的にはなんの関係もみられなかったのであろう。

一一　クラインの死去

一九二三年一月、最初の脳発作がクラインを襲った。温泉治療などが効いて比較的早くに治癒したが、それでも言語機能を失い、右手にまひが残った。二四年四月二四日には、第七〇回の誕生日を迎え、知友たちによって祝われた。法律雑誌も、祝賀記念特集号を刊行した。二五年一〇月、二度目の発作がクラインを襲い、今回は完全に意識を喪失、そのまま二六年四月六日、クラインは永眠した。満七二歳の誕生日まであと二〇日足らずの日が残った(56)。

クラインは、生涯を独身でとおした。その彼を家族同然に迎え容れてくれたのは、生徒時代からの親友フリートレンダー（Josef Friedlaender）と、その妻（Ottilie F.）であった(57)。クラインの死を看取ってくれたのも、彼の遺言に従い『遺稿集』を刊行したのも、この夫妻であった。クラインの墓は、ヴィーンの中央墓地・三二B墓域にある。隣の三二C墓域には、モーツァルト、ベートーヴェン、シューベルトらの墓碑、祈念碑が並んでいるが、それにくらべると小振りな墓石ながら、そこには「法の巨匠であり、創設者、ドイツ統一の先陣者（Meister und Bilder des Rechts, Vorkämpfer deutscher Einheit)」と刻まれている。後の文言は、合邦論者と

しての彼を指しているのであろう。(58)

ヴィーン市内の有名な大通り・リンクに面したヴィーン大学の建物にはいると、その中庭を取り囲むアーケードの下にヴィーン大学で教えた有名教授たちの胸像が林立している。ローレンツ・フォン・シュタイン、カールとアントン・メンガー兄弟の像などが並ぶ。そのなかに、フランツ・クラインの像がある。一九三七年、クラインの遺言に従い、フリートレンダー夫妻の息子から申請して、大学が設置を許可したものである。そこに刻まれたクラインの風貌は、一九一四年第六〇回の誕生日に知人たちから贈られたメダルから写しとったものであり、柱石はヴィーンの法律家協会の寄付にかかるものであるが、そこには、「オーストリア民事司法の改革者　法制度の社会的改革の提唱者　元司法大臣」と刻まれている。(59)

注

(56)　クラインの死去の二日前（四月四日）、元ライプチヒ大学のヴァッハが亡くなった。ドイツ系民訴法は実務界、学界の二代巨匠を、ほとんど同時に失ってしまった。Sprung（前注(7)), SS. 53~5, Anm. 191はクラインの死去を報じる国内外（南アメリカまで含む）の新聞を克明に収集しているが、そのあまりの多さに目を見はるばかりである。

(57)　夫・ヨーゼフ（一八五四~一九四三年）は、改宗ユダヤ人。弁護士をへて、ヴィーンの商事裁判所、高等裁判所の判事。一九二〇年の退職時は最高裁判所の部長判事。妻・オッティリー（一八六二

〜一九三二年）は、生涯独身を通したクラインにとって、心を許した貴重な女友達であり――彼のSteine Frau（石の妻）という表現もされている――刊行された遺稿集にも、彼女あての手紙が多く収載されている。

（58）クラインの墓石は、Sprung（前掲注（7））に付録として写真が掲載されている。ただし、同論文は墓石のある墓域を、三二C区域としている。三二B区域というのは、かつて中央墓地を訪れた私の記憶による。

（59）原文は〈Erneuer der bürgerlichen Rechtspflege Öesterreichs Anreger sozialer Reformen im Rechtswesen K.K. Justizminister（K.K. は Kaiserlich und Königlich で、ここではオーストリア帝国のこと）〉。この胸像は、前注の墓石と同じく、Sprung・前掲に写真が掲載されている。この胸像については、私も前に、短文を記したことがある（「フランツ・クラインの胸像」新実務民事訴訟講座第九巻・行政訴訟Ｉ（一九八三年）の月報）。

なお、クラインは、胸像の柱石の寄付者・ヴィーン法律家協会の会長を一九一〇年から死去の年までつとめていた。

一二　オーストリア法の外国への影響

オーストリア法は諸外国にもつよい影響をおよぼした。

ドイツ法系民訴法のリーダーとしての地位が、ドイツからオーストリアへと交替した。一八九五年法が出現するまで、オーストリア法がドイツ法を追う立場にあったが、同法以来ドイツ法がオーストリア法の後を追った。二〇世紀にはいってから、いく度かの法改正のたび、ドイツ法にとってオーストリア法は大きな目標であったが、ついに一九三三年には、真実義務の導入、当事者宣誓に代えて当事者尋問の採用、へと踏み切った。

そのほかに、スカンディナヴィア諸国、元ハープスブルク家支配地域で第一次世界大戦終結前後に独立した諸国（同家の後継国家とよばれた）につよい影響をおよぼした。このうちでは特にハンガリー法が有名であった。訴権に関するドイツ語論文などで著名であったプロース（Sándor Plósz. 一八四六～一九二六年。ブタペスト大学教授、司法大臣）の作品であるが、(60) わが国の雉本朗造博士は同法を評して、次のようにいわれていた。「匈牙利（ハンガリー）新民訴法の規定を通読するに同法が独逸訴訟法および墺太利（オーストリア）訴訟法を参照して制定したるものなること疑を容れず。而して我国に於ける今次の改正（鈴木記―大正一五年の大正改正法として結実）に際し同法を参照することを要する理由は他なし。之れ同法は墺太利訴訟法を参酌したるに拘わらず其起草者たるFranz Klein氏が多少熱情的（temperamentarisch）に鼓吹したる幾多の主義上の修正を排斥し、主として独逸訴訟法に則りたること及び訴訟運用上の細目に関する幾多の規定を加え、醇乎（じゅんこ）として醇たる法律（鈴木記―「まことに法律らしい法律である」の意か）たることにあり」。(61)

このハンガリー法をはじめ、いわゆるハープスブルク家の後継国家は第二次大戦後、ソ連占領軍の圧力により共産主義国家となり、それに見合う職権主義訴訟法を制定したが、ベルリーンの壁の崩潰などによって、資本主義国家への回帰を示し、民訴法の所要の改正を試みている。その目まぐるしさはここでは関心の外にあるが、裁判所の職権強化がいわれるオーストリア法ですら、共産主義国＝全体主義国には通用しなかったことは記憶にとどめられてよい。

注

(60)　ハンガリー法の成立経過について、拙著・日本二八四頁。同法の和訳として、松本博之ほか編（前注(18)）四二四頁以下。

(61)　「民事訴訟制度の変遷及び改正運動　墺太利民事訴訟法及び匈牙利新民事訴訟法（一）～（一一・

完)」法律新聞八三六号(大正二年一月一五日)〜八四八号(同年三月一五日)に断続連載のうちの(一〇)八四七号五頁。この雉本論文について、上田理恵子「大正期の法律家によるオーストリア民事訴訟法の受容過程—大正一五年における民事訴訟法改正と雉本朗造」一橋研究二三巻一号(一九九八年四月)六七頁以下。なお、より一般的に、クラインとわが国の大正期における民訴法改正運動の関係について、Rieko Ueda(上田理恵子), Franz Klein und die Reform des japanischen Zivilprozesses in der Taischo-Zeit (1912-1926), (Hrsg.), Wilhelm Brauneder-Kazuhiro Takii(滝井一博), Die österreichischen Einflüsse auf die Modernisierung des japanischen Rechts, 2007, SS. 73 ff..

一三　むすび

一八七九年に施行されたドイツ帝国の民訴法と、それから二〇年近くおくれて一八九八年に施行されたオーストリア帝国の民訴法が、ともにドイツ系民訴法の発展史上頂点に立つことは疑いない。前者の民訴法は、自由主義(リベラリズム)をその思想的背景としていた。しかも、その自由主義が衰退に向うぎりぎりのところで立法された。一八七三年には、すでに社会政策学会が組織されていた。一八七八年には、ビスマルクが社会政策立法をスタートさせた。一八八八年には、ドイツ民法の第一草案が発表されたが、それには社会政策的配慮が欠けているとしてギールケ、A・メンガーなどからきびしい批判を受けた。帝国民訴法もこの時期に立法されていたら、同じような批判を受ける運命をまぬがれなかったであろう。

その意味では、社会政策思想に立つクラインによって立案されたオーストリア民訴法は、まことに時流に乗った立法であった。クラインの民訴法に関する論文に注目し、彼を司法省に採用するよう推薦したのは、ほかならないオーストリアの社会政策諸立法を担当したシュタインバハであった。その期待に応えて僅か二年のうちに、クラインは民訴関係の諸法案とその提案理由書を提出したが、これらの議会審議にあたって強力にサポートした議員がいた。ベールンライターであり、すでに社会政策論者として著名な代議士であった。彼の提案した民訴関係諸法案の審議を簡略にする特例法が多数の賛成を得、諸法案は審議開始後僅かの間に、上・下両院を通過して一八九五年に成立をみた。オーストリア法がこのように早期のうちに成立したのは、もちろんベールンライターら議員の強力な支援があってのことであろうが、それにはなによりもこれら諸法案が、社会政策という時流にのり、それによって巧みに着色されていたことをあげねばなるまい。

社会政策は、「社会的弱者」を救済するため、国家が手を差しのべることを眼目とする。クラインも民訴を通じて、社会的弱者を救済すべきだという。問題はその社会的弱者の輪郭であり、なにを基準として定めるべきであろうか。経済的貧困者と一般にいわれるが、月なん万円以下の収入なら経済的貧困者であり、国家が救済の手をさしのべなければならないのか――ここでは生活保護の問題ではなく、民訴において国家（＝裁判所）が救済を与えるべき「弱者」を問題としている。

労働者がその使用者を相手方として、労働関係を争うのなら、労働者を社会的弱者とし、国家が救済の手をさしのべることは、容易に一般の承認を得られるかも知れない。しかしこれは、労働関係の紛争として事件を特定できる場合である。民訴には種々さまざまな事件がもち込まれる。労働者対使用者の事件であっても、つねに労働者が弱者で、使用者が強者であるとは限らず、弱者・強者の立場が逆転する場合もある。さらには、労働者側が依頼した弁護士にくらべ、使用者側の弁護士があまりに無知・無能で、裁判所が見兼ねるという場合に、裁判所が救済（たとえば、釈明）を後者にしてはならないのだろうか。私は社会的弱者の救済を、民訴の目的として掲げるのは、いささか大ざっぱにすぎるように思う(62)。事案の内容や、手続のそのときどきの局面に応じ、武器の平等、機会の均等という昔からいいならわされた準則（古い、と言われれば、そのとおりであるが）に従い、裁判所の裁量によって当事者間の平等を期するほかないのではないか(63)。

クラインは、彼の理論においてしばしば「国家」の存在を強調している。民訴は、国家の設営した制度である。国家は、当事者の権利を擁護するためこの制度を設営している。しかし、だからといって民訴手続内では、当事者は権能ばかりもつが、裁判所はひたすら義務のみを負うというのはおかしい。手続内では、双方の権能・義務が適宜に按分されなければならない。手続進行における裁判所の職権主義、実体的訴訟指揮権の強化、当事者の真実義務など、オーストリア法の特徴をなす諸点が、この適宜の按分の見地から説明されている。クラインは、彼の理論、オーストリア法に対する批判が、この民訴手続内の国家、裁判所の権能の強化に向けられていることは承知している。しかし彼は、この権能の強化が歴史の進歩の方向であると信じていた。世の中に変化が起きることを嫌う人は、世の中（歴史）が進歩をとげることも不快に思うだろう。だが世の中は確実に進歩をとげており、その進歩の方向がやがて大勢を支配することになる、と。クラインは一九二六年に死去している。それ以前からオーストリアでは右翼の勢力が強くなり、一九三八年にはヒットラーの軍隊が進駐してきて、オーストリアはむりやりドイツに併合されてその一州となった。その後第二次世界大戦にあい、ドイツと運命をともにし、敗戦後はドイツや日本と同じように、民主主義が強調される時代を経験した。もしクラインがこれらの時代を生き抜いておれば、これほど楽天的に「国家」の存在を口にすることができたであろうか。その意味では、クラインは幸福な時代を生きていたといえよう。

いずれにせよ、クラインは卓越した才能の持ち主であった。あれだけの数の条文、それを根拠づけた提案理由書を、わずか二年ほどのうちに、しかもまったく独力で起草したとは、（文献によって知識としては知っていても）現に資料集を通じて目のあたりにすると、ただただ敬服のほかはない。しかも、それだけにとどまらない。議会答弁などのさいに見せた学識・表現に富む弁舌、法律の公布後施行前に見せた裁判官の増員・訓練をともなう人的・物的施設の整備――彼は行政・政治感覚にも富む見事な「法制官僚」であった。

フランツ・クラインは、ドイツ系の近代民訴法史がもった最上級の学識者、法制官僚であった。

注

(62) 第二次世界大戦後、ドイツでクラインに注目の光を浴びせたのは、有力政党社会民主党（SPD）系の裁判官、ヴァッサーマン（Rudolf Wassermann. 一九二五～二〇〇八年。最後はブラウンシュヴァイクの高等裁判所長官）で、彼は社会的弱者に対する国家による補償（Kompensation）の必要を説き、民訴ではその社会的弱者のために裁判所が積極的な訴訟活動（釈明権の行使など）を行うべきだという（森勇訳『ルドルフ・バッサーマン　社会的民事訴訟　社会的法治国家における民事訴訟の理論と実務』一九九〇年。原著は一九七八年刊）。社会的弱者・強者の区別について、本人は社会学者による階層の区別、中流の上（最上級・上級の官吏、企業のトップ、自由業者など）、中流の下、下流の上、下流の下（短期の教育しか受けていない労働者、未熟練労働者など）の区別を紹介したりする（一七七頁）が、この区別を直接採用しようとするわけではない。結局は裁判所の判断（裁量）にゆだねているようである。本文にも述べたように、民訴にはいろいろの当事者の、いろいろな事件がもち込まれるので、社会的弱者・強者という区別——それじたいは訴訟外の基準による区別——を立て、それを釈明権行使などの基準とすることに無理があるのではなかろうか。

クラインの社会的弱者の保護を志向する訴訟理念を紹介し、わが国の裁判官の訴訟活動のより積極であることを期待する論考として、松村和徳「裁判官の積極性とフランツ・クラインの訴訟理念」木川統一郎古稀記念『民事裁判の充実と促進　下巻』（一九九四年）二二四頁以下。

（63）　高田昌宏教授のドイツ語論文、Die Theorie des sozialen Zivilprozesses und deren Bedeutung für den japanischen Zivilprozess（「社会的民訴の理論とその日本民訴に対する意義」—（Hrsg.）Rolf Stürner und Alexander Bruns, Globalisierung und Sozialstaatspsinzip. Ein japanisch-deutsches Symposium, 2014, SS.213ff. に所収）は、社会的弱者のための「補塡」を強調するヴァッサーマン（前注）に反対し、弱者も強者も問わずに平等に保護されるべきであるが、その平等を確実にするために、釈明権の行使など裁判官の積極的な訴訟活動が必要であると説かれる。

シュテュルナー博士（Rolf Stürner. 一九四三～。フライブルク大学退職教授）は、博士の「古典的自由主義と現代民事訴訟」民商法雑誌一四八巻一号（平成二五年四月）一頁以下（守矢健一訳）において、ヨーロッパ大陸においては（古典的）自由主義と連帯の両理念が併存両立するとし、たとえば実体的訴訟指揮の項において、「連帯の観点からすれば、知的または経済的により弱い当事者が、まさしくかような弱点のゆえに、弱点を補塡するいかなる試みもなされないまま、他ならぬ権利実現という局面において苦杯をなめなければならぬなどということは許されない」と説かれ（二五頁）、より弱い当事者の保護（弱者の補填）のために裁判官は実体的訴訟指揮（釈明権の行使など）を行うべきだとされる。同博士もいわれるように（四頁）、連帯（または友愛）はフランス革命、その後の初期社会主義時代に見られた理念であり、ヨーロッパ大陸ではそれなりに重みをもって定着しているのであろうが、わが国ではそれ程なじまれていない理念であり、実体的訴訟指揮（ないしはその強化）をいうのに格別もち出すまでもないことと思われる。

人物略伝

＊1　以下の諸人物のうち、ＡＧＯの成立に関与した人物の略伝は、主として、Maasburg（Michael Friedrich von), Geschichte der Obersten Justizstelle in Wien. 1749-1848. , 2.Aufl., (1892）を参照した。また、Langer（Adalbert), Männer um die österreichischen Zivilprozessordnung. 1895.（1990）は、一八九五年法の成立に関与した人物のうち、クライン、シュタインバハ、ベールンライター、メンガー、（司法大臣・シェーンボルン）の五人を取り上げ、評伝風に論じている。略歴も紹介しているので、以下に参考とした。

＊2　当該人物の紹介が、すでにクラインハイヤー＝シュレーダー編・小林孝輔監訳『ドイツ法学者事典』（昭五八）、勝田有恒＝山内進編著『近代ヨーロッパの法学者たち』（二〇〇八）にあるときは、その多くを両著にゆずらせていただいた（以下、小林監訳、勝田・山内編著と略称）。

＊3　一般に、ドイツ系の貴族の称号は、Kaiser（皇帝）―König（国王）―Herzog（公爵）―Fürst（侯爵）―Graf（伯爵）―Freiherr（男爵）の順位とされるが、以下の文中にはEdlerというのが出てくる。これは、オーストリア、バイエルン両地方で行われた貴族称号とされるが、Freiherrより下位であることは明らかだが、Ritter（騎士）との上下関係は定かではない。とにかく、上記の爵位では子爵が欠けているので、Freiherrをそれに昇格させ、Edlerを男爵と解すべきか。

〈ア 行〉

アツォニ（Josef Ritter von Azzoni. 一七一二～六〇年）……イタリア・ミラノからベーメンへ移住してきた古い家系の出身。プラハに生まれる。プラハ大学で哲学博士、一七五八年には法学博士。弁護士をへて、四〇年より同大学の法実務の講師、次いでローマ法の教授。ベーメン地方の国法の改革委員会をへて、五三年より民事法典の編纂委員会にはいる。最初の全般にわたる草案の起草を担当。五九年より刑事法の編纂委員会にも参加。それより前、五六年に最高司法庁の裁判官となるも、立法事業への献身に時間をとられ、裁判官としての活動は目立たなかったという。プラハ大学の教授時代、学長に選ばれ彼もこれを喜んで受けたが、すでにヴィーンでの立法事業に忙しく、ほとんどプラハに帰る暇がなく法学部長が代行した。六〇年騎士に叙せられるも、その年に死去した。

〈カ 行〉

カウニッツ（Wenzel Anton Graf（のち Fürst）von Kaunitz-Rietberg. 一七一一～九七年）……メーレン州の貴族の出身。一七四八年アーヘンで開かれた第二次シュレージェン戦争を終結する和約に、オーストリア代表として出席、頭角を現わす。五〇年フランス駐在大使として、パリで人脈をきずく。五三年帰国して、外交と宮廷事務を担当する国事官房（Staatskanzlei）の長に就任。五六年には、長年犬猿の間柄であったオーストリアとフランスの友好条約を締結（外交革命と称される）。マリア・テレジア、ヨーゼフ二世、レーオポルト二世に宰相として仕えるも、フランツ二世（レーオポルト二世の子。のちオーストリア皇帝として一世）と合わず、辞職（九二年）。六三年には伯爵（Graf）より侯爵（Fürst）に昇格。

カヴリアニ（Ludwig Graf von Cavriani. 一七三九〜九九年）……北イタリア、マントヴァに出自をもつ貴族の出身。大学教育をへて、一七六〇年より下オーストリア地方の下級裁判所の判事。その後オーストリア世襲領、ベーメン地方、第一次ポーランド分割で得たガリチン地方などの官僚を歴任。七六年最高司法庁の裁判官、八一年には枢密顧問官の肩書きを与えられる。同年にはケースとともに編纂委員会のメンバー。八二年下オーストリア地方の控訴裁判所の副長官、ベーメン地方の政務長官などをへて、九一年最高司法庁の副長官となる。同年に辞職したが、九七年マルティーニが立法宮廷委員会の委員長を去るとともに、その後任に選ばれ、死去のときまで委員長の座にあった。

カンシュタイン（Raban Freiherr von Canstein. 一八四五〜一九一一年）……レムベルク（Lemberg. 現ウクライナ西部の都市L'viv・リボフ）に生まれる。同地の大学に学び、一八六九年より裁判官。七三年同大学で教授資格取得。七五年チェルノフツィツ（Chernovisy, 現ウクライナ西南部の都市）の大学の教官、のちグラーツ大学に転じ、八一年より同大学の教授。著作には、本稿（第一部注（56））に引用した民訴法教科書（これについてはハラゾフスキの項参照）のほか、これより先に出した『民事訴訟の合理的基礎づけ』（Die rationellen Grundlagen des Civilprozesees. 1877）などが有名。後著において、弁論主義を処分権主義から区別することを最初に提案した。

グラーザー（Julius Anton Glaser. 一八三一〜八五年）……ベーメンに生まれる。父はユダヤ系商人。チューリヒ、ヴィーンで学び、一八四九年哲学博士。五一年イギリスへ研究旅行。五四年法学博士。六〇年ヴィーン大学の正教授、刑法、刑事法の専門家として著名。六一年以来立法事業にも関与。六八年から文部教育省の局長。七一年より七九年まで司法大臣。在任中に、オーストリア刑訴法、ドイツ系民訴法ではじめて当事者本人尋問を認めた少額事件手続法を実現した。のちに検事総長。民訴における口頭・公開手続、当事者宣誓に関する論文など、民訴に関する論文もいくつかあり、一八六三年初版の法学小論文集第二部(Gesammelte kleinere juristische Schriften, 2.Theil)に収録されている。小林監訳九七頁(根森健訳)。

ケース(Franz George Edler von Kees. Keess とも綴る。一七四七〜九九年)……ヴィーンにて生まれる。父は、下オーストリア地方の上級裁判所の副長官であった。一七六八年ヴィーン大学卒業後、司法官生活にはいる。下オーストリア地方の第一審裁判所の裁判官(騎士席)などをへて、七七年より最高司法庁の裁判官となる。フロイデヴォの草案を審議する最高司法庁の委員に選ばれたのをきっかけに、編纂委員会にはいり、数多くの立法に関与する。八一年AGOと同時に公布された一般破産法、九六年に公布された西ガリチン訴訟法の報告委員として活躍した。彼のAGOの注釈書である『ヨーゼフ二世〔時代〕のAGO』は未完に終わったが、好著として評価が高い(ただし、Canstein は教科書にて、学問的価値なしとして酷評、S.269)。

コリンスキー(Carl Graf von Chorinsky. 一八二八〜一八九七年)……大学で法律を学んだのち、裁判官職を歩む。ただ、伯爵家であったためか、一八八〇年ザルツブルクの知事(Landeshauptmann)に選ばれ、八七年からは貴族院議員。

〈サ　行〉

シュタインバハ（Emil Steinbach. 一八四六〜一九〇七年）……ユダヤ人、カトリックに改宗した。実務学校をへて、ギムナージウムに進学、ヴィーン大学で法学、経済学などを学ぶ。弁護士の道を歩むが、一八七四年のとき司法大臣グラーザーの目にとまり司法省入り。のち順調に立法部局の長（Chef）にまで進む。その前後多くのオーストリアの社会政策立法に関与。司法大臣シェーンボルン（Friedrich Graf von Schönborn）との信頼関係を深め、あとは難産を重ねる民訴法の立法と期待されていた矢先、一八九一年懇請されて財務大臣に就任した。そのころ法律週刊誌に「Pro futuro」を連載していたクラインに注目、シェーンボルンに民訴法立案者として起用することを進言した。クラインが民訴関係諸法案を起草したのち、省内で検討のため開かれた小委員会には財務大臣のまま関与した。一八九三年彼の提案した普通選挙制が皇帝以下に容れられず内閣総辞職。九四年最高裁判所の部長判事、一九〇四年同裁判所の長官。一八九九年から貴族院議員、政治家としてはキリスト教社会党に属する。

シュプルンク（Rainer Sprung. 一九三六〜二〇〇八年）……父は検察官。ヴィーン大学で学び、一九五九年同大学で博士号取得。六三年インスブルック大学に教授資格請求論文を提出、認められて六六年より、同大学講師。六七年同大学教授。八七年より四年間同大学学長。二〇〇四年定年退職する。ドイツ民訴雑誌に、一八九五年法、その立案者であるクラインを紹介する鋭い論文（Bd. 90 [1977], S. 380 ff. Bd. 92 [1979], S. 4 ff.）を載せていたが、本稿が引用した論考（第二部注（7））は、クラインの生涯に関する資料を収集するため、全力を傾注した感がある。二〇〇八年心筋梗塞のため急逝とか。

ジンツェンドルフ（Franz Wenzel Graf von Sinzendorf. 一七二四～九二年）……オーストリア世襲領およびベーメン地方に領土をもつ貴族の出身。ローマ、ヴィーン、ライプチヒに学び、故郷へ戻って裁判官僚の道を歩む。最初はベーメン地方の控訴裁判所の貴族席裁判官。ベーメン地方の州政庁などをへて、ヴィーンの中央政庁に勤務、一七五九年より最高司法庁の裁判官。「ベーメン」部に配属される。七一年より同庁の副長官。八二年下オーストリア地方の控訴裁判所が発足したとき、ヨーゼフ二世より初代長官に任命される。七二年以来編纂委員会の委員長。九〇年に同委員会が廃止されるまで、同委員長の席にあった。

〈タ　行〉

ツァイラー（Franz Edler von Zeiller. 一七五一～一八二八年）……グラーツに商人の子として生まれる。マルティーニに才能を愛され、彼のヴィーン大学の講座の後継者となるとともに、民法典の報告委員を担当。同法典（Allgemeines Bürgerliches Gesetzbuch. ABGB）は彼のときに完成、一八一一年公布（翌年施行）された。一八〇二年より最高司法庁の裁判官。彼の経歴・業績の詳細については、小林監訳・三三四頁以下（伊藤進訳）、勝田＝山内編著・二六八頁以下（堀川信一担当）。

ツェンカー（Johann Bernhard Ritter von Zencker. 一七二四～八五年）……プラハに生まれ、同地の大学を卒業。一七五〇年博士号を取得。五一年プラハの控訴裁判所の裁判官（有識者席）。五三年ヴィーンにある（内務）監督庁（Direktorium）に勤務。翌年騎士号を授与される。五五年より編纂委員会に加わる。六〇年アツォニの死去にともない、彼がテレジア法典の実体法部分の報告委員を担当。六六年草案を完成し、マリア・テレジアに奉呈したが、あまりに浩瀚にすぎ、またラテン用語を駆使しているため、実用に耐えないとして却下された。しかし、ツェンカーは編纂委員会を辞することなく、死去の年まで同委員をつとめた。

〈ハ　行〉

ハーン（Mathias Wilhelm Edler von Haan. 一七三七〜一八一六年）……父（Johann Georg）は、一七四九年ヴィーンに最高司法庁（oberste Justizstelle）が設置されたとき、その最初の裁判官の一人に選ばれた。子息のM.Wilhelmは、ヴィーン大学で学んだのち、官僚の道を歩んだが、マリア・テレジアにその学識を買われ、三八歳の若さで最高司法庁の裁判官に起用された。一七七九年女帝の要請に従い、編纂委員会の草案に対して批判的意見を述べた。同年、騎士（Ritter）の地位を与えられたというが、その姓に冠された称号は、Edlerである。その後、下オーストリア地方の控訴裁判所の副長官、地方裁判所の所長を歴任したが、その間一七九二年から発足した立法宮廷委員会のメンバーとなり、主として民法の起草を担当した。一八〇九年、同委員会は司法立法関係の委員会に組織替えをしたが、翌年から同委員会の委員長となった。

ハウクヴィッツ（Friedrich Wilhelm Graf von Haugwitz. 一七〇二〜六五年）……シュレージェンの出身。すでにカール六世の時代から地方官僚として活躍、シュレージェンがオーストリアからプロイセンに割譲されたのちは、一家はプロイセンに付く者と、オーストリアに付く者に分かれ、彼は後者を選んだ（そのためにカトリックに改宗したともいう）。オーストリアの統治が現状のままではベーメン、メーレンですらも奪われかねないと改革案を提示、マリア・テレジアの注目をひいた（彼が重用されたについては女帝の夫フランツ一世の推挙が大きかったという）。四九年行政と司法の分離を提言、行政の最高機関としては監理庁（Direktorium）、司法の最高機関としては最高司法庁を設置して、彼は前者の長に就任した。

ハラゾフスキ（Philipp Harras Ritter von Harrasowsky. Harras 以下が姓である。一八三三〜九〇年）……メーレン州の出身。ヴィーン大学で法律学を学び、一八五五年からハンガリーのブダ（ドイツ語では Ofen）、ペストなどで裁判所勤務（両市は一八七二年に併合）。その後司法省の職員として起用され、民訴法の立法作業に従事、七八年には省参事官となる。その間、五九年にヴィーン大学で博士号を取得し、六八年には同大学の私講師となる。八三年には最高裁判所（Oberster Gerichtshof. 最高司法庁の後身で、裁判事務に特化）の裁判官となる。著作は豊富で、『オーストリア私法立法史』（一八六八年）のほか、民訴法関係にも『口頭弁論の準備』（Die Vorbereitung der mündlichen Verhandlung. 1875）、『民訴における上訴』（Die Rechtsmittel im Civilprocesse. 1879）などがある。後二著は、民訴法立法のために各国の制度を紹介したものであるが、ヨーロッパ大陸の諸国はもとより、イギリス、アメリカ（南アメリカも含む）、トルコなどにも及んでおり、とくに最後著は、六〇〇頁近くに達する大著である。ハラゾフスキは、一六世紀ころからのオーストリア民訴法の資料を収集しており、カンシュタインが同じ資料を収集していると知ると、惜し気もなくこの資料を提供、カンシュタインはこの資料に基づいて「オーストリア民訴法の歴史と理論の教科書第一冊」を執筆、刊行した（一八八〇年。第一部注(56)参照）。この教科書には副題が付されていて、「省参事官ハラゾフスキ氏の事前に準備された法史資料に基づいて。」とある。

プフホルツ（Wenzel Xaver Neumann von Puchholz. 一六七〇〜一七四三年）……弁護士をへて、プラハ大学教授。いくつかの法著作があるという。

フランケンベルク（Otto Graf von Frankenberg. 一七〇〇〜五三年）……シュレージェンの貴族の出身。プロイセンのシュレージェンの領有後、ヴィーンに移る。レーゲンスブルク（バイエルン領）の帝国議会に派遣されるなどしたのち、一七五二年最高司法庁の副長官に任命された。翌年マリア・テレジアにより統一民事法典の編纂委員長に指名されたが、同委員会が発足しないうち、同年五月死去した。

フロイデヴォ（Josef Hyacinth Ritter von Froidevo. 一七三五〜一八一一年）……スイスのアルレスハイム（Arlesheim. バーゼルの南郊）に生まれる。姓は正確には、Froidevaux（フロアデヴォ）と綴るのであろうとされるが、彼自身が上記のような綴りでサインし、また、授爵のさいの資料にも同じ綴りが用いられていたという。一七六〇年ヴィーン大学で博士号を得る。弁護士をへて、主として下エンス地方の官僚として勤務し、そのかたわら、ヴィーン大学でオーストリアの地元法を講義していたという。七一年から七四年まで中央の財務官庁で働き、下エンス地方の政庁参事官（Regierungsrat）に戻ったところで、急に編纂委員会に起用され、民訴法の立案が命じられた。一年半後には、彼の起草した草案が編纂委員会から国事顧問会に提出されていた。八二年には最高司法庁の裁判官に任命された。八五年にはその功績が認められて騎士称号を授与されている。西ガリチン法の草案の起草も担当した。

ベック（Christian August Freiherr von Beck. 一七二〇〜八一（八三とも）年）……中部ドイツのランゲン

ザルツァ（Langensalza. ゴータの北方）の生まれ。ライプチヒで法学を学んだのち、ヴィーンの騎士学校（Ritterakademie. 別名、Theresianum）の教師となった。同校は、マリア・テレジアによって創立された貴族・良家の子弟の教育施設で、高級官僚の養成学校であった。一七六四年に子爵の称号（Freiherr）を授与された。右の騎士学校は、ヨーゼフ二世の統治時代に廃校された。

ベールンライター（Josef Maria Baernreiter. 一八四五〜一九二五年）……父はプラハで製糖業に成功し、西ベーメンに広大な荘園を入手した。一三歳でこの父の財産を相続したという。ハイデルベルク、プラハで学んだのち、裁判官職に就いた。プラハの裁判所などで勤務したが、有給休暇をもらっては、ジュネーヴ、ハノーファーなどに出かけ、当時評価が高くなってきた口頭審理の現場を調査した。その研究熱心が認められたか、司法本省にはいり、ハラゾフスキがリードした一八七六年の草案の起草に関与などした。一八七八年以来ベーメンの地方議会議員となり、一八九一年には衆議院議員に選出された。一八九三年クラインの民訴関係諸法案が提出され、衆議院に設置された審議委員会の報告委員。自身もこの諸法案の審議の迅速化をはかるため、特例法案を提案、これが衆貴両院で認められて（ベールンライター法ともいう）、民訴関係諸法案も無事議会審議を終え、皇帝の裁可を得た。

裁判官として地方に勤務中、繊維工業の大企業化、企業主の労働者への搾取の実態をみて、古典的リベラリズムに疑問を感じ、社会政策重視に傾いた。以降この方面の著作があり、また立法にも尽力した。一八九七年商務大臣、一九一七年無任所大臣、一九〇七年より貴族院議員。

ホルガー（Josef Ferdinand Ritter von Holger. 一七〇六〜八三年）……バイエルン領のランズフートの生ま

れ。一七三六年ヴィーン大学で博士号を取得。同大学のローマ法の教授となる。五〇年法学部長、五一年学長。教職を兼ねながら、下オーストリア地方の政庁にも勤務。五一年一一月から始まったベーメン地方の訴訟法改正にも関与。五三年編纂委員会創設当時からの委員となる。訴訟法への特化が決まってからは、同法の報告委員となる。六六年に公布されたテレジア刑事法典の報告委員でもあった。六九年に長年の功績に対して、騎士称号が授与された。

〈マ　行〉

マルティーニ（Karl Anton Freiherr von Martini. 一七二六〜一八〇〇年）……ティロル出身。父は公証人。トリエント（Trient. 現在イタリア領トリエステ）、インスブルック、ヴィーンに学び、ヴィーン大学で博士号を取得。マドリードの派遣使節館に勤務したのち、ヴィーンに戻り、一七五四年、当時高等教育の改革者、実力者であったファン・シュヴィーテン（Van Swieten）らの推薦を得て、ヴィーン大学の自然法、ローマ法の教授となる。騎士学校（ベックの項参照）の教官も兼ね、また、マリア・テレジアの親任を得て、ヨーゼフ（のちの二世）ら子女の教育にあたる（一三年間に及んだという）。六四年、教職についたまま、最高司法庁の裁判官となり、七一年より、編纂委員会のメンバーとなる。七四年、当時の最高の行政機関であるベーメン・オーストリア合同政庁に配属となり、学校行政を担当したが、七九年、彼じしんの願いにより、最高司法庁へ戻る。八二年には、ヨーゼフ二世により、国事顧問官に任命される。八八年、最高司法庁の副長官となる。ヨーゼフ二世の死後、弟で後継者であるレーオポルト二世により、編纂委員会は解散され、新しい委員会が組織されたが、マルティーニはその委員長となる。民訴法典の改正、民法典の起草につとめ、それぞれ九六年一二月西ガリチン訴訟法、九七年二月の同民法典として結実したが、彼は九七年三月その職を去った。なお、小林監訳・一八〇頁以下（芹沢斉訳）。

メンガー（Anton Menger. 一八四一～一九〇六年）……オーストリアがポーランド分割で得たガリチン地方に生まれた。父は、土地領主が設けた政庁の法務担当。その父が早く亡くなったので、当初機械工を目指し、実技学校に入学。のちギムナージウムへ進んだが、宗教教理をめぐって教師に反発、放校された。他方、機械工の資格検定試験にも落ち、志を法学に転ずる。クラクフ大学、ヴィーン大学に学んだのち、弁護士試補に。一八七二年ヴィーン大学に教授資格請求論文を提出、民訴法の教授資格が認められた。ヴィーン大学の私講師をへて、七七年より同大学の正教授。その間に、『上訴審において新事実を主張することの適法性』（七三年。第一部注（44））、『オーストリア民訴法の体系』（七六年。System des österreichischen Zivilprozessrechs）を刊行した。しかし、民訴法関係の著作の刊行はここまでで、以後は社会主義社会の法的実現を志した論文に転向、実力革命を否定したのでマルキシストからは「法曹社会主義」と冷笑されたが、一八八六年の『全労働収益権史論』（Das Recht auf den vollen Arbeitsertrag in geschichtlicher Darstellung）をはじめ、『民法と無産（者）階級』（一八九〇年。第二部注（8））、『法学の社会的責務』（一八九五年。もとは、同年ヴィーン大学の学長に就任した折りの記念講演の原稿・第二部注（9））など、いくつかの著作を刊行し続けた。一歳上の兄カール（Carl. 一八四〇～一九二一年）も、同じヴィーン大学の教授、経済学におけるオーストリア学派、限界効用学派の唱導者として著名。

〈著者紹介〉

鈴 木 正 裕（すずき・まさひろ）

1932年　東大阪市に生まれる
1955年　京都大学法学部卒業
1970年　神戸大学教授
1991年　神戸大学学長
1995年　神戸大学名誉教授
1996年　甲南大学教授
現　在　弁護士（1995年より）

主要著作

注釈民事訴訟法(1)〜(9)〔共同編集代表〕（1991〜98年，有斐閣），近代民事訴訟法史・日本（2004年，有斐閣），近代民事訴訟法史・日本２（2006年，有斐閣），近代民事訴訟法史・ドイツ（2011年，信山社），新民事訴訟法講義〔第２版補訂版〕〔共編著〕（2006年，有斐閣）

学術選書
134
民事訴訟法

近代民事訴訟法史・オーストリア

2016(平成28)年１月20日　第１版第１刷発行

著　者　鈴　木　　正　裕
発行者　今井 貴　渡辺左近
発行所　株式会社　信　山　社

〒113-0033　東京都文京区本郷6-2-9-102
Tel 03-3818-1019　Fax 03-3818-0344
henshu@shinzansha.co.jp
笠間才木支店　〒309-1611　茨城県笠間市笠間515-3
笠間来栖支店　〒309-1625　茨城県笠間市来栖2345-1
Tel 0296-71-0215　Fax 0296-72-5410
出版契約 2016-2364　Printed in Japan

印刷・製本／亜細亜印刷・渋谷文泉閣
ISBN978-4-7972-2364-4 C3332